Thomas Kohrs / Anselm Grün

Ethisch Geld anlegen

Thomas Kohrs
Anselm Grün

Ethisch Geld anlegen

Vier-Türme-Verlag

Bibliografische Information der Deutschen Bibliothek

Die Deutsche Bibliothek verzeichnet diese Publikation in der Deutschen Nationalbibliografie; detaillierte bibliografische Daten sind im Internet über http://dnb.ddb.de abrufbar.

1. Auflage 2008

Lektorat: Dr. Kristin Haas-Heichen
Umschlaggestaltung und Innenlayout: Thomas Uhlig, www.coverdesign.net
Umschlagmotiv: Panthermedia/München, Pali Rao/iStock; Collage: Thomas Uhlig
Satz: SatzWeise, Föhren
Gesamtherstellung: Friedrich Pustet KG, Regensburg
ISBN 978-3-89680-374-0

www.vier-tuerme-verlag.de

INHALT

VORWORT

Anselm Grün

Geld spielt im Leben der Menschen eine wichtige Rolle. »Geld regiert die Welt«, sagt das Sprichwort. Viele geben damit an, wie viel Geld sie haben. Andere schämen sich, sich selbst und anderen den Mangel an Geld einzugestehen. Man möchte meinen, Geld sei etwas Objektives, über das man sachlich sprechen kann. Doch Geld steht für viele Erfahrungen und Sehnsüchte der Menschen. Es steht für die Erfahrung des Mangels, für die Erfahrung, zu kurz gekommen zu sein, nicht das bekommen zu haben, was einem zusteht, ungerecht behandelt zu werden. Mit Geld verbinden viele die Sehnsucht, in Ruhe und Wohlstand leben zu können. Geld erzeugt immer auch Gier. Man möchte immer mehr haben. Wenn wir vom Geld träumen, dann steht es oft für die innere Energie und für die Fähigkeiten, die uns zur Verfügung stehen. Wie die Menschen mit Geld umgehen, das sagt immer etwas über ihre Seele aus. Die einen sind geldgierig, für die anderen ist Geld etwas Schmutziges, mit dem sie lieber nichts zu tun haben möchten. Die einen sind geizig, die anderen verschwenderisch. Die einen verdecken mit Geld ihre innere Leere. Für die anderen ist Geld etwas rein Weltliches, das sie auf ihrem spirituellen Weg lieber meiden.

Über Geld kann man genauso wenig sachlich sprechen wie über Sexualität. Sowohl beim Geld als auch bei der Sexualität spielen immer die eigenen Projektionen eine Rolle. Als ich in einem Zeitungsartikel etwas über meinen

Umgang mit Geld erzählt habe, zum Beispiel dass für mich persönlich Luxus absolut keine Versuchung darstellt, ich aber als Cellerar das Geld des Klosters auch an der Börse vermehre, um unsere sozialen Werke wie die Schule, die Bildungshäuser und die Lehrlingsausbildung zu finanzieren, da bekam ich aggressive Briefe, die mich mit übelsten Worten beschimpften. Geld an der Börse anzulegen ist für manche Christen Teufelswerk. Es lässt sich für diese Menschen auf keinen Fall mit Spiritualität in Einklang bringen. Natürlich gibt es an der Börse schwarze Schafe, die mit ihren Spekulationen die Agrarpreise in die Höhe treiben oder ganze Volkswirtschaften in eine Krise stürzen. Aber die Börse in sich ist ein Finanzierungsinstrument, das letztlich den Menschen dienen soll.

Die aggressiven Töne dieser Briefe ließen mich aufhorchen. Ich fragte mich, was ich bei diesen Lesern ausgelöst hatte. Offensichtlich wurden da eigene Wunden berührt. Geld steht oft für die Liebe oder den Mangel an Liebe, die ich erfahren habe. In der geistlichen Begleitung erzählen mir gerade Menschen, die nach dem Krieg als Flüchtlinge in ein Dorf kamen, wie es für sie beschämend war, in Armut leben zu müssen. Sie waren als arme Fremde auf die Hilfe der anderen angewiesen. So mussten sie immer brav sein, durften auf Beschimpfungen nicht reagieren. Solche Erfahrungen setzen sich tief in der Seele fest. Und wenn man vom Geld redet, kommen sie wieder hoch. Da verbindet man dann mit Geld oft die Menschen, die im Dorf mit ihrem Geld angaben und einen spüren ließen, dass man nichts hatte und nichts wert war.

Geld kann auch andere Assoziationen hervorrufen, die von Macht oder Ohnmacht, von Leben oder Lebensverweigerung, von Kargheit oder Fülle. Und beim Geld kommen immer auch Neidgefühle auf gegenüber jenen, die über mehr Geld verfügen als man selbst. Gerade wenn man die, die Geld haben, beschimpft, kommt darin die eigene Sehnsucht zum Ausdruck, genauso reich sein zu wollen wie diese Menschen. Wenn wir unsere Einstellung zum Geld betrachten, erkennen wir, wie die Haltung und der Umgang des Vaters oder der Mutter mit dem Geld uns tief in unserer Seele geprägt haben. Da gibt es die Menschen, die sparsam mit Geld umgehen, andere, die nicht damit zurechtkommen, die es nicht zusammenhalten können. Es ist daher verständlich, dass das Geld so heftige Reaktionen hervorruft. Denn es ist Spiegelbild für die eigene Seele und ihre Verletzungen.

Es geht beim Geld nicht nur um die Frage, wie ich es anlege, sondern überhaupt, wie ich dazu stehe. In Begleitungsgesprächen erlebe ich immer wieder, wie das Thema Geld auch in vielen Ehen und Familien tabuisiert wird. Da weiß die Frau nicht, wie der Mann mit dem Geld umgeht. Der eine lässt sich nicht in die Karten schauen. Da flunkert der Mann der Frau vor, dass er alles im Griff habe. In Wirklichkeit hat er hohe Schulden aufgebaut und möchte sie verschleiern, weil er sich letztlich dafür schämt und sich als Versager fühlt. Es gibt Familien, in denen man offen über das Geld kommuniziert, in der die Konten gemeinsam angeschaut werden. Aber es gibt auch viele Familien, in der nur der Vater über das Geld verfügt. Es ist für ihn ein Machtmittel, alles nach seinem eigenen Gutdünken zu regeln. Es wäre ein eigenes Thema, über den Umgang mit Geld in Familien und Gemeinschaften zu sprechen. Doch darum soll es in diesem Buch nicht gehen. Hier geht es darum, wie ich auf ethische Weise mein Geld anlegen kann und wie der Umgang mit Geld etwas mit meiner Spiritualität zu tun hat.

In diesem Buch legt Thomas Kohrs als Banker dar, welche Möglichkeiten wir als Christen haben, Geld im Einklang mit unserem Glauben und unseren christlichen Grundsätzen anzulegen. Ich schreibe als Anleger, was mir zu diesem Thema wichtig ist: Seit 31 Jahren bin ich Cellerar und muss daher mit Geld umgehen. Dabei weiß ich, dass man anderen schlecht raten kann. Mein Vater war Kaufmann und hat uns Kindern viel Vertrauen und Freiheit vermittelt. Dieses Vertrauen hilft mir auch beim Umgang mit dem Geld. Aber wenn jemand von seiner Natur aus ängstlich ist, dann werden ihm meine Grundsätze des Anlegens nicht weiterhelfen. Die werden ihn nur in Bedrängnis bringen. Jeder muss das Geld so anlegen, dass es für seine Person stimmt. Spirituell anlegen heißt daher für mich auch, im Einklang mit mir und meinem Maß anlegen. Aber es bedeutet auch, eine innere Freiheit dem Geld gegenüber zu lernen. Ich kann kreativ mit dem Geld nur umgehen, wenn ich auch ein Risiko eingehe. Ein Risiko einzugehen hat aber mit Vertrauen zu tun und mit der inneren Freiheit gegenüber dem etwaigen Verlust. Wenn ich Angst habe, etwas zu verlieren, dann werde ich nie ein Risiko einlegen. Das zeigt uns auch das biblische Beispiel von den Talenten (vgl. Matthäusevangelium 25,14–30; Lukasevangelium 19,11–27).

Bei allen ethischen Grundsätzen der Geldanlage gibt es daher keine allgemeingültigen Regeln. Ich muss vielmehr mich selbst vor Gott prüfen, was mein Maß ist, wo ich mein Maß überschreiten soll, um mehr Vertrauen und Freiheit zu lernen, und wo ich es beachten muss, weil ich sonst mich selbst und die Gemeinschaft überfordern würde. Der spirituelle Umgang mit dem Geld hat für mich folgende Grundsätze:

1. Geld dient den Menschen und nicht mir und meinem Reichtum. Geld dient dem Leben. Daher muss ich beim Anlegen von Geld immer auch darauf achten, ob ich damit Firmen unterstütze, die dem Leben dienen, die nachhal-

tig wirtschaften, die in ihrem Wirtschaften Verantwortung für die Schöpfung und für die Menschen zeigen.

2. Ich habe Verantwortung für das Geld und muss es daher möglichst effektiv anlegen. Kreativität im Umgang mit Geld ist immer ein Zeichen von Spiritualität. Spiritualität bedeutet: aus der Quelle des Heiligen Geistes schöpfen. Diese Quelle ist immer auch erfrischend, das heißt, sie bringt mich auf neue Ideen. Es geht nicht um den Leistungsdruck, immer mehr zu erwirtschaften, sondern um schöpferische Ideen, das Geld so anzulegen, dass es Frucht bringt für die Menschen.

3. Ich brauche eine innere Freiheit dem Geld gegenüber und darf mich nicht davon abhängig machen. Das Geld darf nicht mein Ego aufblähen. Die innere Freiheit zeigt sich in meinem persönlichen Umgang mit Geld, aber auch in meinen Gedanken. Wenn das Geld mich bis ins Gebet hinein verfolgt, hat es zu viel Macht über mich. Ich muss das Geld immer auch lassen können, so dass es mich innerlich nicht bestimmt.

4. Ich darf mit dem Geld keine Macht ausüben, sondern soll es in den Dienst der Menschen stellen. Die Gefahr, den anderen zu zeigen, dass sie von mir und meinem wirtschaftlichen Erfolg abhängig sind, ist gerade für Menschen, die viel Geld verdienen, groß. Daher braucht es immer wieder die spirituelle Reflexion, ob ich mit dem Geld wirklich Menschen diene und die Projekte unterstütze, die Leben wecken, oder ob ich mich beispielsweise mit sozialen Projekten nur selbst in den Mittelpunkt stelle. Der Umgang mit Geld erfordert daher Ehrlichkeit und Achtsamkeit.

5. Ich darf nicht alles machen, was möglich ist. Ich muss mein Maß berücksichtigen und darf mich nicht mit anderen vergleichen. Auf Geldanlagen muss ich verzichten, wenn sie mein Maß überschreiten. Und zu meinem Maß gehören auch die ethischen Grundsätze, nach denen ich mich entschieden habe, anzulegen. Da Geld immer auch Gier erzeugt, ist es eine beständige spirituelle Aufgabe, maßvoll und nachhaltig damit umzugehen und es so anzulegen, dass die ethischen Gesichtspunkte immer berücksichtigt werden.

VORWORT

Thomas Kohrs

Die Bibel in einen Zusammenhang mit Geld zu bringen, birgt einige nicht unproblematische Schwierigkeiten in sich. Viele Menschen, unabhängig von ihrer Glaubensrichtung, sehen Geld und den Umgang damit immer noch als ein leider notwendiges Übel an. Das führt dazu, dass sie vor Informationen über Geld zurückschrecken. Gleichzeitig verschenken sie damit aber auch Chancen für eine bessere Entwicklung ihrer Geldanlagen sowie die Möglichkeit, dieses Geld für soziale und karitative Projekte gewinnbringend einzusetzen.

Bankenwesen und Finanzgeschäfte müssen nicht notwendigerweise gleichbedeutend sein mit Ausbeutung und skrupellosem Geschäftsgebaren. Auch hier sollten ethisch-moralische Grundsätze gelten. Daraus ergibt sich: Geld sollte immer nur Mittel zum Zweck sein. Es kommt darauf an, wie verantwortungsvoll ich mit dem Geld umgehe, an welchen Stellen das Geld eingesetzt wird. Durch meine Tätigkeit bei einer christlichen Bank, die mit ihren Gewinnen die Arbeit von Missionsbrüdern und -schwestern in über 60 Ländern der Erde unterstützt, habe ich einen anderen Bezug zu Geld als beispielsweise die Mitarbeiter der Investmentabteilungen in Großbanken.

In diesem Buch habe ich versucht, eine möglichst »wirtschafts-ideologiefreie Darstellungsform« zu finden. Es werden so zum Beispiel auch Möglichkeiten wie die zinslose Welt vorgestellt, die eher nicht der allgemeinen Lebenswahrnehmung entsprechen. Meine Ausführungen erheben keinen Anspruch auf wissenschaftliche Vollständigkeit. Kleinere Exkurse zu volkswirtschaftlichen Themen und allgemeinen Wirtschaftstheorien werden dort, wo es notwendig ist, kurz eingefügt, ohne die einzelnen Theorien dabei mit all ihren Facetten näher zu beleuchten. Sie dienen der Erläuterung und der Darstellung der Grundlagen. Dem Anleger soll das Buch eine Orientierung bieten, wie man mit dem Thema Geld umgehen und Investitionen sinnvoll tätigen kann, ohne dabei aber ethisch-moralische Grundsätze außer Acht zu lassen.

Natürlich basieren viele Inhalte dieses Buches auf den Erfahrungen aus den zahlreichen Kundengesprächen, die ich tagtäglich führe, insbesondere wenn mir Kunden berichten, dass sie mit hochspekulativen Anlagen viel Geld verloren haben. Für Geschäfte, die nur aufgrund eines sehr hohen Renditeversprechens mehr oder weniger anonym am Telefon abgeschlossen wurden, fehlt mir allerdings auch das Verständnis. Auch hier ist maßvolles Agieren im Bereich der zu erwartenden und realistischen Rendite sicherlich eine Tugend.

HINWEISE ZUR NUTZUNG DIESES BUCHES

Die Hauptkapitel dieses Buches behandeln jeweils einen bestimmten Aspekt zum Thema Geldanlage. Sie sind in sich abgeschlossen und können daher auch einzeln gelesen werden. Dies eröffnet die Möglichkeit, sich punktweise und gezielt über bestimmte Fragestellungen zu informieren.

Ergänzende Hinweise, Erklärungen von Fachtermini und Abkürzungen finden sich am Ende des Buches in einem kleinen Börsen-ABC. Literaturempfehlungen sowie Hinweise auf hilfreiche und nützliche Institutionen bieten dem Leser zudem die Möglichkeit, sich an anderer Stelle weiterführend zu informieren.

Um der flüssigeren Leseweise willen wurde auf die Benennung beider Geschlechter verzichtet und nur die männliche Form gewählt. Die weiblichen Leser mögen uns das bitte verzeihen.

Die Autorenschaft der einzelnen Teile des Buches ist gekennzeichnet. Nicht kursiv gesetzte Texte stammen von Thomas Kohrs, kursiv gesetzte Texte hat P. Anselm Grün verfasst.

DIE GESCHICHTE DES GELDES AUS VOLKSWIRTSCHAFTLICHER SICHT 1

Tauschhandel als Grundbedingung 1.1

In der sehr frühen Menschheitsgeschichte bestand noch nicht die Notwendigkeit für einen »Tausch« von Gütern oder Dienstleistungen. In den kleinen Gemeinschaften der Steinzeit wurde noch zusammen gejagt und gesammelt. Alles, was man gemeinsam erreichte, wurde auch kollektiv geteilt. Nur als Gruppe war man stark und überlebensfähig, der einzelne Mensch hingegen war völlig verloren, den rauen Naturgewalten und der Tierwelt schutzlos ausgeliefert. Es bestand überhaupt kein Bedürfnis, einen wirtschaftlichen Tauschhandel vorzunehmen.

Dies änderte sich erst dann, als die Menschen begannen, sich arbeitsteilig zu organisieren. Sie wurden allmählich sesshaft, aus Jägern und Sammlern wurden Hirten und Bauern: Viehzucht und Ackerbau prägten das Leben der Menschen. Somit hatten sich unterschiedliche Tätigkeitsgebiete entwickelt, die auch zu unterschiedlichen Ergebnissen führten. Die eine Gruppe hatte Produkte, die andere Menschen gerne haben wollten. Die naheliegendste Folge war also dann der Tauschhandel. Dieser kommt aber nur dann zustande, wenn beide Gruppen über ein Produkt verfügen, was für den jeweils anderen von Interesse ist. Liegt diese Grundvoraussetzung nicht vor, so kommt kein Tausch zustande, da das für den anderen »nutzlose« Gut nicht weitergereicht werden kann. Oder aber man einigt sich auf ein anderes Ersatzgut, welchem von beiden beteiligten Parteien ein annähernd gleicher Wert beigemessen wird. Das kann ein hartes Mineral, ein Schmuckstein oder eine Muschel sein. Häufig sind das auch Güter, die aus irgendeinem Grund in einer bestimmten Situation gleichzeitig begehrt, aber selten sind, wie zum Beispiel Zigaretten in der Zeit nach dem Zweiten Weltkrieg in Deutschland.

Der Tausch von Gütern wird also dann einfach, wenn beide Parteien ein anderes, von allen anerkanntes Tauschmittel haben, mit dem sie den Wert berechnen und erhalten können. Damit wird der Wert aller Güter und Dienstleistungen vergleichbar.

Eine einzigartige Erfolgsgeschichte erfuhr in diesem Zusammenhang zum Beispiel die Kauri, eine weiße oder hellgelbe Muschel von porzellanartiger Beschaffenheit, mit einer Länge von einem bis drei Zentimeter. Auf den Malediven, später auch auf den Philippinen und den Tongainseln in Polynesien wurde sie gesammelt.

Schon im alten China diente sie von 1500 bis 200 v. Chr. als Geldvorläufer. Arabische Händler brachten sie von Indien in ihre Heimatländer und bis nach Westafrika, so dass im 19. Jahrhundert über eine Entfernung von Polynesien bis Mauretanien (rund 20.000 Kilometer) eine erstaunlich weit verbreitete »Leitwährung« bestand. Leider waren anschließend die Europäer auch für den Untergang dieses Zahlungsmittels verantwortlich. Durch mehr oder weniger willkürliche Festsetzungen des Wertes der Kauri in Relation zu anderen Zahlungsmitteln verlor die Muschel mit der Zeit ihre Funktion als Zahlungsmittel. Allerdings war sie noch bis zu Beginn des letzten Jahrhunderts in Teilen Afrikas im Einsatz und ihr Gebrauch als Geld konnte nur durch ein Verbot der französischen Finanzbehörden unterbunden werden.

1.2 Frühe Formen des Geldes bis in das 19. Jahrhundert

Heute können wir uns eine Welt ohne Geld kaum noch vorstellen. Auch wenn der Bürger am Ende des Monats vielleicht kein Geld mehr in der Tasche hat, so ist ihm die Bedeutung der Münzen und der Scheine sehr wohl bekannt. Das war natürlich auch in früheren Zeiten nicht anders. So reicht die Geschichte des Geldes mehrere tausend Jahre zurück.

Schon vor mehr als 6000 Jahren gab es auf dem Gebiet des heutigen Irak in Mesopotamien eine Art Silbergeld. Um 1500 v. Chr. gab es sogar bereits Preislisten für bestimmte Güter. So ist die Entwicklung von Geldeinheiten unterschiedlichster Prägung überall auf der Welt vorangeschritten. Das oben genannte Muschelgeld, Steingeld in Ozeanien, Kleidergeld (Pelze) in

Nordamerika und soweit möglich Metallgeld aus Gold, Silber oder Kupfer waren überall auf der Welt im Einsatz.

Die ersten richtigen Münzen stammen aus dem Gebiet der heutigen Türkei, soweit uns das heute bekannt ist. Sie waren aus einer Legierung aus Gold und Silber geprägt und hatten eine Art Siegel mit einem Stempel oder einem Bild auf den größeren Flächen. Die Verwendung von Edelmetallen bei den Münzen hatte einen bis zum Ersten Weltkrieg gültigen Sinn. Der Metallwert der Münzen entsprach genau ihrem aufgedruckten Wert. Heute benutzen wir dagegen nur noch sogenannte Scheidemünzen, deren aufgedruckter Wert in aller Regel höher ist als der Wert des verwendeten Metalls.

Das erste Papiergeld stammt vermutlich aus China und fand im 9. Jahrhundert Verwendung. Dies waren sogenannte Zahlungsverpflichtungen, die schriftlich fixiert wurden. In Europa kämen ihnen Schuldscheine oder Wechsel nahe. Die Einführung der Scheine in Europa im 17. Jahrhundert folgte dabei auch einer wirtschaftlichen Notwendigkeit, denn die bis dahin gebräuchlichen Silbermünzen waren ganz einfach knapp geworden.

Heutzutage wird das meiste Geld nur noch auf Konten gebucht und hin und her überwiesen. Bekamen noch in den sechziger Jahren viele Arbeitnehmer ihren Lohn in der sprichwörtlichen »Tüte« ausbezahlt, so erfolgt die Bezahlung heute in aller Regel bargeldlos. Wir haben uns längst an Überweisungen, Lastschriften und die Bezahlung per »Plastikkarte«, also Geld- oder Kreditkarte, gewöhnt. »Plastic makes the world go around« ist ein beliebter Spruch derjenigen, die an die allein heilbringende Seligmachung des Geldes glauben und denken, dafür könne man alles kaufen. Wie sehr Geld die Geschichte der Menschheit bis heute geprägt hat, mit all ihrem Glück und unendlichem Leid, ist zweifellos längst erwiesen.

Für Geld kann man vieles kaufen, ja sogar eine bessere Behandlung beim Arzt. Aber alles kann man mit Geld nicht kaufen: Talent hat man, wahre Freundschaft besteht unabhängig von Geld, Wissen kann man erlernen, auch den eigenen Geist kann man nicht erkaufen und wahre Liebe sowieso nicht.

Gleichwohl haben Regierungen immer wieder versucht, das Geld und die Geldströme auf der Welt zu beherrschen. Je nachdem mit mehr oder weniger Erfolg. Die bis heute schwerwiegendste Weltwirtschaftskrise nahm sicherlich mit den Tagen vor und nach dem sogenannten schwarzen Freitag vom 25. Oktober 1929 an der New Yorker Wallstreet ihren Beginn. Die Aktienkurse brachen innerhalb weniger Tage um rund 35 Prozent ein. Die schon damals enge Verflechtung der amerikanischen und europäischen Volkswirtschaften sorgte für weltweite Folgen. Die politischen Auswirkungen dieser Entwicklung sind allseits bekannt. Noch heute ist es ein gern zitierter Ausspruch, dass der Schnupfen der Amerikaner zu einer Grippe der Europäer führt.

Auch deshalb hatten die US-Amerikaner schon während des Zweiten Weltkriegs ein Interesse daran, einen wirtschaftlichen Flächenbrand wie in den zwanziger und dreißiger Jahren zu verhindern. Das Ziel lautete, eine solche Weltwirtschaftskrise für die Zukunft auszuschließen, was schließlich zum Abkommen von Bretton Woods führte.

1.3 Das Abkommen von Bretton Woods

Im Jahre 1944 einigten sich 44 Staaten auf der Konferenz von Bretton Woods (Kleinstadt in New Hampshire, USA) darauf, ein möglichst stabiles Währungssystem aufzubauen. Nach den Erfahrungen der Weltwirtschaftskrise am Ende der zwanziger Jahre und den volkswirtschaftlichen Verwerfungen, die direkt und indirekt mit dem Zweiten Weltkrieg zusammenhingen, wollte man versuchen, eine neue Art des freien Welthandels zu initiieren. Das Ziel war unter anderem eine möglichst reibungslose und von Handelsbarrieren wie beispielsweise Zöllen befreite Durchführung des Welthandels. Da das Floating, also die freie Bestimmung der Preise der Währungen untereinander ebenfalls ein Handelshemmnis darstellte, war einer der wichtigsten Punkte dieses Systems die Festlegung von festen Wechselkursen bestimmter Währungen zueinander.

Außerdem wurde bestimmt, dass die US-Zentralbank verpflichtet war, eingereichte Dollar jederzeit in Gold einzulösen. Das System hatte in seinen Grundzügen bis 1971 Bestand. Übrigens wurden im Zuge der Einführung dieses Systems auch die Weltbank und der Internationale Währungsfonds (IWF) gegründet, die noch heute bestehen und mittlerweile andere wichtige Aufgaben wahrnehmen.

Infolge dieser Festlegung wurde nach Einführung der neuen Deutschen Mark in der neu gegründeten Bundesrepublik der Wechselkurs zwischen Deutscher Mark und US-Dollar bei 4,20 festgelegt. Das bedeutet, ein US-Dollar wurde damals mit 4,20 DM bewertet. Zum Vergleich: Im April 2008, dem bisher niedrigsten Stand, wurde für einen US-Dollar nur noch 0,62 Euro bezahlt, das sind umgerechnet noch gerade 1,22 Deutsche Mark oder 8,59 Österreichische Schilling beziehungsweise 1,04 Schweizer Franken.

Für eine Volkswirtschaft ist es von entscheidender Bedeutung, ob die Wechselkurse der beteiligten Währungen untereinander ständig flexibel sind oder festliegen. Ein Beispiel soll diesen Zusammenhang näher verdeutlichen. Nehmen wir einmal an, ein Autokonzern möchte einen Mittelklassewagen in die USA ausführen, also exportieren. Das Auto ist normal ausgestattet, mit einem kleinen sparsamen Motor und würde auf dem deutschen Markt rund 20.000,– Euro kosten. Dieser Preis ist auch auf dem deutschen und amerikanischen Markt erzielbar und der Hersteller würde damit auch noch Gewinn machen. Damit der Verkaufspreis in den USA auch richtig in US-Dollar festgelegt werden kann, muss der Markt der Konkurrenten untersucht und anhand eines möglichst genauen Wechselkurses der tatsächliche Verkaufspreis in US-Dollar für den amerikanischen Markt gefunden werden. Angenommen, der Wechselkurs ist 1,25 US-Dollar für einen Euro, so wäre der Verkaufspreis in den USA also 25.000,– US-Dollar. Dieser Preis ist in Relation zu den entsprechenden Autos anderer Hersteller auch gerechtfertigt und es gibt genügend Käufer für die Autos.

Nehmen wir also weiter an, dass sich im Laufe des Jahres der Wechselkurs zwischen Euro und US-Dollar geändert hat. Er ist jetzt nicht mehr 1,25 US-Dollar für einen Euro, sondern er beträgt 1,50 US-Dollar für einen Euro. Wenn der Hersteller also die erzielten 25.000,– US-Dollar wieder in Euro zurücktauschen möchte, erhält die Firma nicht mehr 20.000,– Euro wie kalkuliert, sondern nur noch rund 16.600,– Euro. Mit diesem Erlös macht die Firma aber keinen Gewinn mehr, sondern Verlust. Die einzige Möglichkeit bestünde darin, die Preise für die Autos in den USA zu erhöhen, um den Währungsverlust auszugleichen. Damit sind die Autos aber im Vergleich mit anderen Fabrikaten nicht mehr konkurrenzfähig, der Produzent verkauft keine Autos mehr, insgesamt werden keine Autos mehr exportiert. Die Folgen sind zunächst Kurzarbeit und schließlich Arbeitslosigkeit der Arbeitnehmer in einem exportorientierten Land wie der Bundesrepublik Deutschland.

Und dieser Zusammenhang besteht nicht nur für den Automobilproduzenten, sondern auch für jeden anderen mittelständischen Unternehmer, der seine Waren ins Ausland verkaufen möchte. Welch ein Segen ist es dann, wenn es feste Wechselkurse zwischen den Währungen gibt und der Verkäufer von vornherein den Preis für die Waren kalkulieren kann, ohne auf Währungen Rücksicht nehmen zu müssen.

Ein Teil des deutschen Wirtschaftswunders in den fünfziger und sechziger Jahren nach dem Zweiten Weltkrieg ist sicherlich auch auf das System der festen Wechselkurse von Bretton Woods zurückzuführen. So erfolgreich wie das System in den Anfangsjahren war, nahm es allerdings eine spektakulär negative Entwicklung. Es funktionierte nämlich nur so lange, wie sich die Teilnehmerstaaten, vor allem die USA, auch an eine gewisse Disziplin hielten.

Zu Beginn der sechziger Jahre begannen die USA jedoch, den Vietnam-Krieg durch eine Erhöhung der Geldmenge in US-Dollar zu finanzieren. Man muss sich das im Wesentlichen so vorstellen, dass die USA die »Geldpresse angeworfen haben«, um die Kriegsausgaben zu finanzieren, und so immer mehr US-Dollar in Umlauf brachten. Damit waren die beteiligten Länder jedoch gezwungen, immer mehr Dollar zu kaufen, um den Wechselkurs zu halten, welcher keinen Bezug mehr zur Realität hatte. Aufgrund der Goldeinlöseverpflichtung dachten aber die Länder, sie könnten den Dollar jederzeit, obwohl er an Wert verlor, in das wertbeständige Gold einlösen. Als jedoch im Jahre 1969 Frankreich die Dollarreserven in Gold einlösen wollte, musste man erkennen, dass die Goldreserven der USA nicht einmal ausreichten, um die Forderungen eines einzigen Mitgliedslandes zu erfüllen. Die USA waren international »eigentlich« zahlungsunfähig, und das System brach schließlich mit der Kündigung der Einlösungsverpflichtung durch Präsident Nixon im Jahre 1971 zusammen.

Dies hatte unter anderem eine völlige Freigabe der Wechselkurse der Währungen zur Folge, der Kurs des Dollar fiel gegenüber der Deutschen Mark in den folgenden zwanzig Jahren auf ein Niveau von 1,36 im April 1995, ein US-Dollar war also 1,36 DM wert. Die Deutsche Mark war stark, mit allen negativen Folgen für die Exportindustrie, wie eingangs am Beispiel des Mittelklassewagens geschildert. Aber sie war nicht so stark wie der Euro heute ist, mit umgerechnet knapp 1,22 Deutsche Mark für einen US-Dollar im April 2008, mit eigentlich noch negativeren Folgen für die Exportindustrie.

Das System von Bretton Woods war also eigentlich eine gute Erfindung. Einige Jahre später hat man versucht, mit der Einführung eines Währungsverbundes etwas Ähnliches in Europa einzuführen, was schließlich in die Schaffung des Europäischen Währungssystems (EWS) im Jahre 1979 mündete. Auch hier war es das Ziel, einen Bereich der Währungsstabilität zwischen den Währungen der teilnehmenden europäischen Länder zu schaffen. Jedoch waren die Wechselkurse nicht endgültig fest fixiert, sondern in einer Art Floatingsystem miteinander verbunden. Zunächst waren Bandbreiten von plus/minus 2,25 Prozent vereinbart worden, also insgesamt 4,5 Prozent. Jedoch gab es auch Staaten, bei denen diese Spanne nicht ausreichte und denen ein größeres Maß zugestanden wurde. Wurde die Bandbreite dieser Wechselkurse überschritten, so sollten die Zentralbanken der beteiligten Länder in den Markt eingreifen. Durch den Kauf und Verkauf von Devisen sollte der Kurs wieder in die vereinbarte Bandbreite gebracht werden. Das verschaffte dem System eine gewisse Anpassungsfähigkeit. Gleichwohl mussten bei einem zu starken Abdriften der Kurse die Leitkurse neu fixiert werden. Die Politik hat in den Jahren zwischen 1979 und 1993 reichlich Gebrauch davon gemacht. Trotzdem hat es immer wieder Spekulationen gegen teilnehmende Staaten beziehungsweise deren Währungen gegeben. So zum Beispiel während der größten Krise des EWS im Jahre 1993, als die Bandbreite der Währungen untereinander massiv erweitert werden musste, um ein Auseinanderbrechen des Systems zu verhindern. Trotzdem war ein Ausscheren von Großbritannien und Italien aus dem Verbund nicht zu vermeiden.

Diese Erfahrungen waren allerdings sehr lehrreich und das besondere Floatingsystem hatte allen Widrigkeiten zum Trotz Bestand. Mit der Einführung der gemeinsamen europäischen Währung, des Euro, am 1. Januar 1999 endete schließlich das EWS. Zunächst gab es den Euro nur als Buchwährung und als Preis zum Beispiel für Aktien oder festverzinsliche Papiere, bis wir schließlich am 1. Januar 2002 die neuen Münzen und Scheine tatsächlich in den Händen halten konnten.

Anfänglich wurde der Euro jedoch von der Bevölkerung in den verschiedenen europäischen Ländern nicht gut angenommen: Vor allem die Deutschen wollten ihre starke Währung, »die gute, alte D-Mark« behalten. Die Entwicklung gab dieser Meinung zunächst Recht. Der Euro war extrem schwach und erst nach einigen Jahren sollte sich die neue Währung beweisen und ist heute eine der stärksten Währungen der Welt, die die D-Mark längst überflügelt hat.

Diese Entwicklungen muss man sich wieder ins Gedächtnis rufen, wenn es darum geht, die internationalen wirtschaftlichen und finanziellen Zusammenhänge zu durchschauen. Auch hat sich seit Beginn der neunziger Jahre eine ganze Menge verändert. Der ehemalige Ostblock ist heute ein mehr oder weniger freier Wirtschaftsraum. Auch Indien und China sowie nicht zuletzt die lateinamerikanischen Staaten spielen eine gewichtige Rolle. Dabei haben wir die enormen ökonomischen Möglichkeiten der afrikanischen Staaten in der Zukunft noch gar nicht richtig erfasst.

Die internationalen Geldströme sind also immer schwieriger zu beurteilen, geschweige denn zu beherrschen. Ein freier Welthandel birgt eine

Menge Chancen, aber auch viele Risiken. Diese Erläuterungen zeigen die Schwierigkeiten im internationalen Zusammenspiel der Kräfte von Währungen und Interessen. Aber nicht nur internationale Folgen sind hierbei zu berücksichtigen; jedes Land kann ganz alleine dazu beitragen, dass das Zusammenspiel der Kräfte keine allzu starken Ausschläge hat.

1.4 Die Ursachen der Inflation

Es kommt immer wieder vor, dass Menschen mich fragen, warum der Staat nicht einfach die »Druckerpresse anwirft« und Geld druckt. Für viele Menschen ist es völlig unverständlich, dass der Staat im Grunde genommen auf der einen Seite die Hoheit besitzt, Münzen und Geldscheine herzustellen, auf der anderen Seite aber offensichtlich selbst nicht genug Geld hat, um seine Ausgaben zu finanzieren. Er gibt sogar weit mehr Geld aus, als er einnimmt, und zwar jedes Jahr so viel, dass er zahlreiche Kredite aufnehmen muss und Schulden macht.

Die Gesamtverschuldung von Bund, Ländern und Gemeinden betrug in Deutschland im März 2008 mehr als 1,5 Billionen Euro, eine Zahl mit zwölf Nullen! Bei einer Einwohnerzahl von rund 82 Millionen ist also jeder Bundesbürger mit rund 18.000,– Euro verschuldet, ohne dass er direkt einen Kreditvertrag unterschrieben hätte. Ähnliches gilt natürlich auch für die Nachbarstaaten: Die Republik Österreich ist beispielsweise mit insgesamt 164,3 Milliarden Euro, das sind rund 22.000,– Euro pro Einwohner verschuldet.

Es ist aber auch nicht so, dass langsam damit angefangen würde, diese Schulden zurückzuzahlen! Im Gegenteil, die Regierungen von Bund, Ländern und Gemeinden geben Jahr für Jahr mehr Geld aus, als sie einnehmen. Das lässt sich nur mit Krediten bewerkstelligen. In jeder Sekunde steigt die Schuldenlast um 474,– Euro. Die Zinszahlungen für diese Kredite haben ebenfalls exorbitante Höhen erreicht. Rund 68 Milliarden Euro müssen jedes Jahr allein für die Zinsen aufgebracht werden. Im Bundeshaushalt 2008 nimmt diese Position übrigens schon die zweite Stelle mit 43 Milliarden Euro nach dem Budget des Arbeitsministeriums in Höhe von 124 Milliarden Euro ein. Die nachfolgenden Generationen unserer Enkel und Urenkel aber werden diese Schulden bezahlen müssen. Entweder so, wie das jeder gute Bürger macht, wenn er eine größere Anschaffung wie vielleicht ein Auto, eine Wohnung oder ein Haus tätigt, indem er den Kredit in Raten zurückzahlt. Oder aber auf eine andere, wesentlich drastischere Art und Weise, nämlich durch eine starke Geldentwertung, besser bekannt unter dem Begriff Inflation.

Im Gegensatz zum einzelnen Bürger kann ein Staat theoretisch dafür sorgen, dass das Geld immer weniger wert wird, und sich so seiner Schulden dann irgendwann entledigen. Aber es gibt eine Vielzahl von Gründen, warum ein Staat genau das lieber nicht machen sollte.

Wie kompliziert das Zusammenspiel von Geld und Inflation ist, haben unsere Großeltern noch am eigenen Leib erfahren müssen. Die riesige Geldentwertung zum Ende der zwanziger Jahre des vergangenen Jahrhunderts hat viele Vermögen völlig zunichte gemacht. In Deutschland gehören solch hohe Inflationsraten der Vergangenheit an. Auch wenn die Preise in den letzten Jahren vor allem durch die steigenden Energiekosten wieder um 3 Prozent zugelegt haben, ist dies im Vergleich mit den Inflationsraten in vergangenen Zeiten oder in anderen Ländern, wie zum Beispiel in Simbabwe in Afrika mit derzeit weit über 200.000 Prozent im Jahr, also einer galoppierenden Hyperinflation, aber immer noch sehr wenig.

Diese Zusammenhänge möchte ich im Folgenden in einem kleinen Exkurs zu der Fisher'schen Verkehrsgleichung näher erläutern.

Information
Fisher'sche Verkehrsgleichung

$M * V = P * Y$

M steht für die Geldmenge; sehr vereinfacht formuliert also für die Summe aller Geldscheine und -münzen, die von einer Währung im Umlauf sind.

V bedeutet die Umlaufgeschwindigkeit beziehungsweise Einkommenskreislaufgeschwindigkeit des Geldes. Diese gibt die Häufigkeit an, mit der im Durchschnitt die gleiche Geldmenge innerhalb eines Jahres zum Kaufen eingesetzt wird.

P auf der anderen Seite der Gleichung steht für das Preisniveau und

Y für das reale Bruttoinlandsprodukt. Dieses gibt die Summe aller Güter und Dienstleistungen an, die in einer Periode im Inland hergestellt wurden (ebenfalls vereinfacht formuliert). Dabei werden diese Güter und Dienstleistungen zu ihren jeweiligen Marktpreisen bewertet.

Man muss sich das Ganze wie auf einer Wippe oder Waage vorstellen, die von Natur aus den Drang hat, immer wieder in die Waagerechte zu gelangen. Auf der einen Seite befinden sich das Geld und die Umlaufgeschwindigkeit, auf der anderen Seite das Preisniveau und der Wert der Güter und Dienstleistungen. Wenn nun der Staat mehr Geld druckt, dann müsste auf der linken Seite die Umlaufgeschwindigkeit zum Ausgleich abnehmen. Das wird aber so schnell nicht gehen, da diese Eigenschaft nur sehr langsam reagiert und deshalb als Korrektiv ausfällt. Zudem wird die Umlaufgeschwindigkeit eher zunehmen, wenn mehr Geld auf dem Markt ist. Die linke Seite wird also eher doppelt schwer werden und die rechte Seite geht auf jeden Fall hoch.

Einer von beiden Faktoren, also das Preisniveau oder der Wert der Güter und Dienstleistungen auf der rechten Seite müsste jetzt ebenfalls »schwerer« werden, um wieder einen Ausgleich herbeizuführen. Man kann aber in einer Volkswirtschaft nicht einfach mehr Güter oder Dienstleistungen herstellen, ohne dass sie nachgefragt werden. Niemand wird Produkte herstellen, die nicht verkäuflich sind, und niemand wird umsonst irgendetwas tun, ohne dass er den Auftrag dazu erhalten hat. Vor allem liegt das Problem auch darin, dass diese Arbeit nicht bewertet wird, wenn sie ohne Entgelt angeboten wird. Folglich fließt die Tätigkeit in die Messung des Wertes von Gütern und Dienstleistungen gar nicht mit ein, wie dies leider zum Beispiel bei der Arbeit von vielen Millionen Hausfrauen und Müttern der Fall ist. Diese haben zwar eine anstrengende Tätigkeit und häufig bei weitem mehr als einen Acht-Stunden-Tag, erhalten aber kein Gehalt.

Als einzige Möglichkeit bleibt eine Steigerung des Preisniveaus. Auf Deutsch heißt das: Inflation oder Geldentwertung. Die gleiche Gütermenge wird teurer, oder für den alten Preis bekommt man weniger Güter. Insbesondere für denjenigen, der nur reines Geld auf der hohen Kante hat, ist diese Entwicklung schlecht. Die Inflation »frisst« im wahrsten Sinne des Wortes den Zinsertrag wieder auf. Die Geldentwertung wird kaum durch den Zinsgewinn ausgeglichen und der Anleger kann nicht sicher sein, später überhaupt noch irgendetwas für sein Geld zu bekommen. Das Geld verliert an Wert, da er in 20 Jahren wahrscheinlich weniger Güter für die gleiche Geldmenge bekommt als heute.

Das Zusammenspiel von Zinsen und Inflation 1.5

Verständlicherweise möchte jeder Anleger für sein Geld einen Zins erhalten, der zumindest die Geldentwertung ausgleicht. Wie aber wird die Inflation festgestellt? Dazu wird zum Beispiel in Deutschland vom Statistischen Bundesamt ein sogenannter Warenkorb zusammengestellt und ungefähr alle drei Jahre neu zusammengesetzt. In Österreich wird der Warenkorb für den Verbraucherpreisindex von der Statistik Austria erstellt und alle fünf Jahre angepasst. Im Wesentlichen werden in diesem Korb aber nur die Preise für Lebensmittel ermittelt. Für die Schweiz ermittelt das Bundesamt für Statistik den Landesindex der Konsumentenpreise (LIK) mit einer jährlichen Aktualisierung. Der Schweizer Warenkorb enthält nicht nur Lebensmittel, sondern auch andere Ausgaben eines Haushalts wie Miete, Strom, Heizung, Versicherungen etc.

Im deutschen Warenkorb sind vom Stück Butter bis zur Telefonrechnung alle Güter und Dienstleistungen erfasst, die Menschen in Anspruch nehmen. Je nach Haushaltsgröße (Single-Haushalt oder Familie mit Kindern), werden dann in Bruchstücken und kalkuliertem Verbrauch die Preise für die Produkte und Dienstleistungen in regelmäßigen Abständen festgestellt und verglichen. Dabei liegt es auf der Hand, dass sich die Menschen nicht in jedem Jahr ein neues Auto oder einen neuen Fernseher kaufen, aber die Preise werden in Relation zu einer kalkulierten Nutzungsdauer eben genau prozentual verrechnet. Natürlich sind diese standardisierten Angaben nicht für jeden Bürger gleich. Individuell unterschiedlich empfunden werden von den Bürgern die stark steigenden Preise für die Grundnahrungsmittel, das Benzin oder das Heizöl. Nicht ständig verglichen werden aber die Preise für Elektroartikel, die stetig fallen. So ist das Phänomen der »gefühlten« Inflation entstanden, die viele Menschen als deutlich höher empfinden als die öffentlich bekannt gemachte Geldentwertung in Höhe von rund 3 Prozent pro Jahr. 3 Prozent – das ist der jährliche Wertverlust unseres Geldes. Bei diesem Prozentsatz hätte das Geld in 20 Jahren nur noch die Hälfte seines Wertes.

Folgerichtig sah es schon die alte Deutsche Bundesbank als ihr vorrangiges Ziel an, die Inflation zu bekämpfen und die sogenannte Geldwertstabilität zu erreichen. Auch die Europäische Zentralbank hat sich dieses Ziel auf die Fahnen geschrieben. Frühere Regierungen im In- und Ausland sahen das allerdings völlig anders, sahen die Aufgaben einer Zentralbank eher darin, die Arbeit des Finanz- oder Wirtschaftsministeriums zu unterstützen.

Dem früheren Bundeskanzler Helmut Schmidt wird die Aussage zugeschrieben: »Lieber 5 Prozent Inflation als 5 Prozent Arbeitslosigkeit.« Allerdings könnte man manchmal froh sein, wenn man überhaupt eines von beiden erreicht hätte.

Das Zusammenspiel von Zinsen und Inflation ist nur auf den ersten Blick kompliziert. Gehen wir einmal von den folgenden Gegebenheiten aus: Die Wirtschaft brummt. Es werden viele Güter und Dienstleistungen nachgefragt. Die Arbeitslosigkeit ist niedrig. Jeder verdient gutes Geld und die Zinsen sind ebenfalls niedrig. Geld ist auch genug da und jedermann, der investieren möchte, kann sich Geld bei der Bank besorgen und investieren. Dabei gilt dies sowohl für den normalen Verbraucher als auch für den Unternehmer, der investiert, um neue Maschinen anzuschaffen oder kostengünstiger zu produzieren.

Wenn aber die Nachfrage nach Gütern und Dienstleistungen sehr hoch ist, dann besteht tendenziell die Gefahr, dass die Anbieter dieser Güter und Dienstleistungen die Preise erhöhen. Jeder möchte das Gut haben, vielleicht sind aber nicht genug Güter da. So bekommen nur diejenigen etwas ab, die bereit sind, einen höheren Preis zu bezahlen. Eine gute Konjunktur hat auch die Begleiterscheinung, dass die Arbeitnehmer höhere Tarifabschlüsse durchsetzen können. Auch diese höheren Kosten werden auf die Preise umgeschlagen, die Abgabepreise steigen. Der Staat seinerseits wird ebenso für die öffentlichen Angestellten, Arbeiter und Beamten höhere Löhne bezahlen müssen. Wahrscheinlich sind die dafür kalkulierten notwendigen Einnahmen geringer als die durch die gute Konjunktur höheren Steuereinnahmen. Die Folge ist, dass die Steuern erhöht werden, was wiederum auf die Preise durchschlägt. Also wird alles erneut teurer. Für ein Gut muss also mehr Geld aufgewendet werden. Anders herum, für die gleiche Menge Geld bekommt der Bürger weniger Einheiten des Gutes. Das Geld wird weniger Wert, das ist Inflation.

In der alten Bundesrepublik waren zu Beginn der siebziger Jahre des letzten Jahrhunderts Inflationsraten zwischen 5 und 7 Prozent pro Jahr durchaus die Regel. Allerdings sind die Inflationsraten nach der Wende seit Beginn der neunziger Jahre stetig auf ein Niveau zwischen 1 und 2 Prozent gesunken, um dann seit 2007 wieder auf über 3 Prozent anzusteigen. Es gibt aber auch heute noch Staaten mit einer deutlich höheren Inflation, fast schon wie in den späten zwanziger Jahren: Als mahnendes Beispiel sei noch einmal Simbabwe mit einer Inflation von weit über 200.000 Prozent pro Jahr im Sommer 2008 erwähnt.

Jede Zentralbank möchte diese katastrophalen Auswirkungen natürlich vermeiden. Im Rahmen der Zinspolitik versucht sie, durch eine entsprechende Steuerung der Geldmenge eine Inflation zu vermeiden. Dabei geht man von der Grundüberlegung aus, dass eine Erhöhung der Zinsen, also des Preises für Geld, eine inflationsbekämpfende Auswirkung hat.

Durch die Erhöhung der Zinsen wird es für Unternehmer uninteressanter, Geld aufzunehmen, um eine Investition in ihren Unternehmen durchzuführen. Der höhere Zins muss ja durch die Erlöse erst verdient werden. Auch für den normalen Bürger ist es vielleicht ungünstiger, einen Kredit aufzunehmen, um beispielsweise ein Haus oder eine Wohnung zu kaufen. Der höhere Zins verteuert die Anschaffung und er überlegt es sich gut, ob er dieses Risiko wirklich einzugehen bereit ist. Wenn die Nachfrage aber insgesamt geringer wird, so werden auch weniger Produkte verkauft. Die Anbieter dieser Produkte haben aber ein Interesse daran, diese auf jeden Fall zu verkaufen. Die Lager sind voll und im Zweifelsfall wird laufend neu produziert. So bleibt ihnen nichts anderes übrig, als die Preise zu senken, um den Verkauf anzukurbeln. Somit müssen die Menschen weniger Geld für den Erwerb eines Gutes aufwenden. Das Geld wird mehr Wert, also tritt das Gegenteil von Inflation ein.

Diese Überlegungen sind natürlich sehr vereinfacht dargestellt. Die nationalen und internationalen Zusammenhänge sind sehr viel schwieriger und verzwickter, als es diese Zeilen vermuten lassen. Eine Entscheidung der Zentralbank, die Zinsen zu erhöhen oder zu senken, will sehr, sehr gut überlegt sein und oftmals befindet sie sich auch in einer Zwickmühle. Egal, was sie tut, es kann das Richtige sein oder das Falsche und wahrscheinlich sogar beides. Wie problematisch diese Entscheidungen sein können, lässt sich an einem Beispiel aus der jüngeren Vergangenheit sehr gut verdeutlichen. Hier kommt auch zum Ausdruck, dass eine nationale Entscheidung häufig Auswirkungen auf andere Staaten oder sogar auf den ganzen Globus hat.

Die Globalisierung des Geldes 1.6

Um die internationalen Zusammenhänge des Geldes, des Geldumlaufs und der Zinsentwicklung zu verdeutlichen, möchte ich zunächst etwas ausholen. Nach den Anschlägen des 11. September 2001 auf das World Trade Center in New York war die amerikanische Notenbank gezwungen, die Zinssätze drastisch zu senken, um die Wirtschaft anzukurbeln. Durch niedrige Zinsen sollten die amerikanische Industrie und die Verbraucher animiert werden, mehr zu investieren und zu konsumieren. Diese Entscheidung verfehlte ihre Wirkung nicht und die amerikanischen Verbraucher investierten reichlich, vor allem in Immobilien. Dabei muss man wissen, dass US-amerikanische Immobilienkredite nicht wie in Deutschland, Österreich oder der Schweiz mit einem festen Zins für eine längere Laufzeit, sondern variabel vereinbart werden. Die Kreditzinsen werden laufend nach unten, aber auch nach oben angepasst, je nachdem, wie sich die Zinsen entwickeln. Nach einer Phase sehr niedriger Zinsen begann die amerikanische Notenbank ab Sommer 2005, diese wieder langsam anzuheben, um auch hier die etwas überhitzte Konjunktur abzukühlen und die Inflationsgefahr zu bremsen. Somit stiegen auch die Zinsen für die Immobilienkredite. War aber bei einem Zinsniveau von 1 oder 2 Prozent die Finanzierung schon kritisch, so war sie es bei 4 oder 5 Prozent Zinsen erst recht. Es kam, was kommen musste, viele Menschen konnten ihre Hypotheken nicht mehr bezahlen, Zwangsversteigerungen waren die Folge. Da diese ungünstige Situation immer weitere Kreise zog, wollten auch immer weniger Menschen eine Immobilie kaufen, die Preise sanken weiter und das Unheil nahm seinen Lauf. Die Spirale immer weiter sinkender Preise und Erlöse war nicht mehr aufzuhalten. Der Konkurs vieler Privathaushalte war die Folge.

Dazu kam, dass die Immobilienfinanzierer die Kredite an viele Schuldner in Finanzpakete zusammengeschnürt hatten und meistbietend auf dem internationalen Markt anboten. Es ist an dieser Stelle nicht erforderlich, die zugegebenermaßen sehr komplizierten genauen Zusammenhänge zu erläutern. Wichtig ist nur, dass das internationale Geflecht gegenseitiger Verbindungen und Verbindlichkeiten kaum durchschaubar gewesen ist. Auch die bestehenden Absicherungen und Garantien waren oft nicht das Papier wert, auf dem sie standen. Das lag vor allem daran, dass das Volumen der eingegangenen Geschäfte die finanziell noch zu rechtfertigenden Möglichkeiten bei weitem übertraf. Eigenkapitalrichtlinien, Ausfallwahrscheinlichkeiten und ein gewisses Maß der Vorsorge hatten bei den getätigten Geschäftsabschlüssen vorher überhaupt keine Rolle gespielt. Selbst die mit der Aufsicht dieser Geschäfte betrauten Gremien waren oft nicht fähig, die wahren Risiken zu erkennen. Warum auch? Jahrelang lief alles glatt und es war für alle Beteiligten ein glänzendes Geschäft. Doch zu dem Zeitpunkt, als immer mehr Kunden ihre Kredite nicht bezahlen konnten, brach das Kartenhaus aus Finanzierung und Gegenfinanzierung zusammen, die internationale Finanzkrise nahm ihren Lauf.

Ein weiteres Problem lag darin, dass der US-Dollar schon seit Jahren schwächelte. Die US-Regierung hatte sich in riesigem Ausmaß verschuldet, um die gigantischen Ausgaben für den Irak-Krieg zu finanzieren. Der US-Dollar wurde immer schwächer, der Euro als zweite Weltwirtschaftswährung immer stärker.

Die Auswirkungen der Finanzkrise waren jedoch so stark, unter anderem drohten gigantische Bankenpleiten, dass sich die amerikanische Notenbank FED (Federal Reserve Bank) zu Beginn des Jahres 2008 genötigt sah, die Zinsen drastisch zu senken. Damit geriet das zuvor sorgsam austarierte Gleichgewicht der Währungen und Zinsen aber noch mehr aus den Fugen. Denn der internationale Anleger hat global die Wahl, an welchem Ort und in welcher Währung er sein Geld anlegen will. Jahrelang zahlten die Amerikaner einen ordentlichen Zins, der deutlich über dem Zins in der Eurozone lag. Ein Aufschlag von 1–1,5 Prozentpunkten war dabei normal. Dieser Aufschlag reichte den Investoren, um US-Dollar zu kaufen und den Amerikanern die Anleihen auf Dollar-Basis aus den Händen zu reißen. Unter diesem Renditeaufschlag wollte aber niemand die Anlagen erwerben. Nachdem die FED die Zinsen aber gesenkt hatte, wollten plötzlich viele Anleger aus dem Dollargeschäft aussteigen, weil der Zinsvorteil verschwand. Wenn aber viele Menschen ein Wirtschaftsgut verkaufen, das aber nur wenig Absatz findet, dann sinkt ganz automatisch der Preis. Der Dollar wurde also noch schwächer, vor allem in Relation zum Euro. Hier konnte man nämlich plötzlich mehr Zinsen erzielen als im US-Dollar-Raum. Eine fatale Entwicklung. Der Preis für einen US-Dollar sank immer weiter auf das schon genannte Rekordniveau von 0,62 Euro im April 2008. Von den Amerikanern eine Gegensteuerung zu erwarten ist verfehlt. Für sie ist die Entwicklung nämlich recht angenehm. Das schon zuvor enorme Außenbilanzdefizit wird abgemildert. Importe in die USA werden teurer (siehe Mittelklassewagen), Exporte aus den USA in andere Länder aber billiger. Das stärkt den eigenen Markt und die Wirtschaftskraft. Die Leitzinsentwicklung wird in der folgenden Abbildung noch einmal grafisch veranschaulicht.

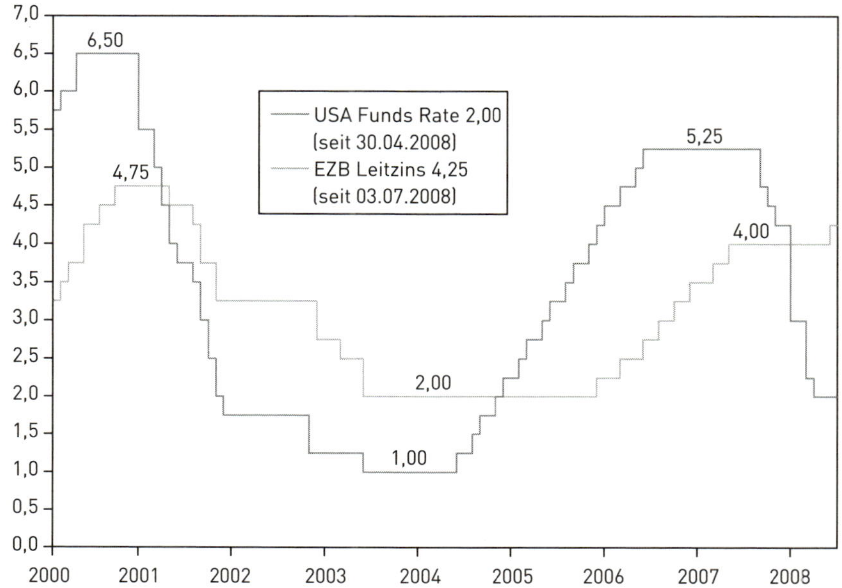

Quelle: www.leitzinsen.info

Für die EZB kann das eigentlich nur eines bedeuten: Die Zinsen müssen ebenfalls gesenkt werden, um es für den internationalen Anleger weniger interessant zu machen, noch zusätzlich Euro nachzufragen, also den Preis in Relation zum Dollar weiter in die Höhe zu treiben.

Wie zuvor dargestellt, würden niedrige Zinsen aber bedeuten, die Wirtschaft anzukurbeln, was automatisch höhere Preise zur Folge hat. In Europa herrscht aber seit 2007 eher eine robuste Konjunktur. Eigentlich müssten die Zinsen sogar erhöht werden, um die Gefahr einer Inflation, die zuletzt auf über 3 Prozent gestiegen war, zu bändigen.

Das ist in der Konsequenz die Quadratur des Kreises, ein Dilemma, aus dem die EZB kaum flüchten kann. Egal, was eine Bank in dieser Lage tut, es ist gleichzeitig richtig und falsch. Dazu kommt, dass die Zentralbanken aufgrund der Liquiditätskrise zu Beginn des Jahres 2008 sehr viel Geld in den Markt gepumpt haben, ohne das hier ein Gegenwert an Gütern und Dienstleistungen bestand. Schon aufgrund dieser Entscheidungen war ein signifikanter Anstieg der Zinsen zu verzeichnen.

Aus dieser kurzen Schilderung der Lage in 2007/2008 wird ersichtlich, dass eine Zentralbank kaum in der Lage ist, autark, also selbstständig eine Entscheidung zu treffen. Das betrifft eine so mächtige Bank wie die Europäische Zentralbank, die für einen wichtigen Wirtschaftsraum verantwortlich ist, ebenso wie die Zentralbanken von asiatischen, südamerikanischen oder afrikanischen Staaten oder Gemeinschaften. Die globalisierten Geldströme bewegen die Welt. An jedem Tag werden mehrere Billionen an US-Dollar oder Euro um den Globus geschickt. Dabei dient nur ein Teil der Bezahlung von Rechnungen für Güter und Dienstleistungen. Die größten Summen dienen der reinen Spekulation, also der »Wette« auf eine ganz bestimmte Entwicklung. Diese Wette kann aufgehen oder eben auch nicht.

Dass dabei im Zweifel ganze Volkswirtschaften bankrottgehen, bleibt leider außen vor. Diese Ausgangslage ist es jedoch, die nicht toleriert werden darf. Ein Ungleichgewicht von reichen und armen Ländern, von reichen und armen Menschen in einem Land wird immer ein Nährboden für nationale oder internationale Konflikte sein. Je größer diese Ungleichgewichte, desto größer das Konfliktpotenzial in der Zukunft.

Das wirtschaftliche Ungleichgewicht der Welt 1.7

Jeder von uns weiß, dass das Vermögen auf der Welt ungleich verteilt ist. Es gibt arme und reiche Staaten und arme und reiche Menschen. Schon der italienische Soziologe und Ökonom Vilfredo Pareto (1848–1923) untersuchte die Verteilung des Volksvermögens in seiner Heimat Italien. Dabei fand er heraus, dass 20 Prozent der Familien über 80 Prozent des Vermögens verfügten. Die restlichen 80 Prozent der Bevölkerung teilten sich die verbliebenen 20 Prozent des Vermögens. Das dabei ein entscheidendes Ungleichgewicht in der Vermögensverteilung entsteht, ist offensichtlich. Dieses Phänomen wird heute als das Pareto-Prinzip bezeichnet. Der Ökonom selbst empfahl schon damals den Banken, dass sie sich doch um diese 20 Prozent der Bevölkerung kümmern sollten, um ihre Auftragslage zu sichern. Dass dies ein Irrtum war, wissen wir heute. In den neunziger Jahren des letzten Jahrhunderts haben einige Großbanken versucht, sich von den sogenannten »Kostenkunden« zu trennen und sich nur noch um die ertragreichen 20 Prozent zu kümmern. Mittlerweile haben jedoch auch diese Banken erkennen müssen, dass es so einfach nicht ist. Die »normalen« Kunden wie Sie und ich werden längst wieder von allen Seiten heftig umworben und das Privatkundengeschäft erlebt eine starke Renaissance.

Leider ist aber selbst diese Pareto-Regel noch zu ungenau, um die Vermögensverteilung in vielen Ländern der Erde zu beschreiben. Hier besteht ein zum Teil noch deutlich krasserer Unterschied zwischen dem Anteil der Armen und Reichen in der Bevölkerung. Uns sind allen die Berichte aus China, Russland oder Indien bekannt. Auf der einen Seite gibt es Menschen, die einen unermesslich großen Reichtum in sehr kurzer Zeit angehäuft haben: die russischen Oligarchen, die chinesischen Milliardäre oder die indischen Großindustriellen, die zu den reichsten Menschen der Erde gehören. Auf der anderen Seite steht die übrige Bevölkerung, die zum Teil nicht einmal das zum Leben Notwendigste besitzt. Nur wenige Kilometer außerhalb der Sonderwirtschaftszonen in China herrschen Zustände wie im europäischen Mittelalter.

In Indien gehören allein rund 16,2 Prozent der Bevölkerung zur untersten Kaste, der sogenannten Unberührbaren. Diese sind trotz einer Quotenregelung für den Zugang zu Schulen und Universitäten immer noch benachteiligt. Der politische Zwang, diese Schichten der Bevölkerung zu fördern, um Unruhen zu vermeiden, führt andererseits immer wieder zu Konflikten mit den einflussreicheren Bevölkerungsgruppen.

In Russland lebte nach Angaben der Weltbank im Jahre 2004 jeder fünfte Einwohner unterhalb der Armutsgrenze. Das Einkommen dieser Bevölkerungsgruppe lag bei umgerechnet 30,– Euro pro Monat! Andererseits wurde im Herbst 2006 in Moskau eine Millionärsmesse veranstaltet, auf der die teuersten Produkte der Welt angeboten und verkauft wurden! Über diesen Protz und die Gier nach immer mehr Vermögen wird in unseren Medien gerne berichtet. Der Zuschauer schaut hin und blickt mit einer Mischung aus Neid, Abscheu und Unglauben vielleicht auch wieder weg. Dabei werden Vorurteile über bestimmte Bevölkerungsgruppen bestätigt und der einzelne Bürger versinkt in Lethargie angesichts seiner eigenen vielleicht auch prekären finanziellen Lage.

Wer allerdings einmal in den Favelas brasilianischer Großstädte gestanden hat oder die Berichte aus erster Hand von den Missionarinnen und Missionaren aus Afrika oder den Müllkindern von Manila hört, wird die Dinge anders zu beurteilen lernen. Plötzlich wird einem klar, was europäische Agrarpolitik mit all ihren Subventionen bedeutet.

Obwohl Zucker in Brasilien wesentlich einfacher und billiger produziert werden kann als in Europa, beharrt man in den europäischen Ländern darauf, die sehr aufwendige Verarbeitung von Zuckerrüben zu unterstützen und den Verkauf mit Steuergeldern zu subventionieren. Infolgedessen kann der sehr viel billigere Rohrzucker aus Brasilien mit dem europäischen Rübenzucker nicht mehr konkurrieren. Für die brasilianischen Kleinbauern bedeutet dies, dass der für sie notwendige Export und die damit verbundenen Einnahmen ausbleiben. Wenn man die Subvention durch Steuergelder in Mitteleuropa abbauen würde, könnte der internationale Rohrzucker verkauft werden. Bei einer sicherlich notwendigen Anpassung der Löhne in den Entwicklungsländern an ein menschenwürdiges Niveau wäre er unter Umständen immer noch billiger als der Subventionszucker. Außerdem hätten wir Steuergelder gespart und allen wäre geholfen!

Es ist ein regelrechter Schock, wenn man erkennen muss, dass rund 45 Prozent der brasilianischen Bevölkerung unterhalb der Armutsgrenze lebt. Die Armutsgrenze liegt bei rund 1.500,– US-Dollar Einkommen im Jahr (!). Das sind ca. 1.000,– Euro im Jahr oder 82,50 Euro im Monat! Dabei sind die Lebenshaltungskosten so hoch wie in Mitteleuropa. Vor allem die Lebensmittelpreise steigen immer weiter und sind für weite Teile der Bevölkerung unerschwinglich. Das führte im Frühjahr 2008 in einigen Ländern schon zu Unruhen. So zum Beispiel in Haiti: Reis ist für viele Menschen unerschwinglich. Viele Menschen ernähren sich mit Lehmkeksen, wie die internationale Presse berichtete, obwohl man es kaum glauben kann. Hergestellt aus Lehmbrei mit Salz und ein wenig Fett vermischt, anschließend in der Sonne getrocknet, geben sie ein Gefühl von Sättigung, fördern aber den Durst. Und sauberes Wasser ist ebenfalls Mangelware. Zurück aber nach Brasilien: Auch hier sind die Preise für Nahrungsmittel rasant gestiegen. Das für viele Brasilianer wichtige Nationalgericht Feijoada ist eine Art Bohneneintopf. Er ist sehr wohlschmeckend und wird in vielerlei Varianten gekocht. Auch Fleisch gehört in ihn hinein. Für viele ist dies aber völlig undenkbar. Selbst die schwarzen Bohnen – eigentlich eine unverzichtbare Grundlage der Speisen – können sich viele Brasilianer nicht mehr jeden Tag leisten. Ursprünglich waren diese Bohnen ein billiges Resteessen vor allem für die arme Bevölkerung. Doch diese Zeiten sind längst vorbei. Im Gegensatz dazu verfügen jedoch andere Kreise in der brasilianischen Gesellschaft über ein riesiges Vermögen. Die prozentuale Verteilung ist noch ungünstiger als von Pareto kritisiert. Wenn selbst der Mittelstand nur völlig abgeschottet, bewacht hinter Gittern ohne Furcht vor Überfällen leben kann, dann ist der Weg zu sozialen Unruhen nicht mehr weit. In den Elendsquartieren von São Paulo und Rio de Janeiro haben sich längst Parallelgesellschaften entwickelt, die von der Macht der Drogenbarone abhängig sind. Mord, Vergewaltigung und Raub, alles Delikte, die hier an der Tagesordnung sind. Der Staat hat längst jede Möglichkeit der Einflussnahme verloren.

Es nützt auch wenig, dass zum Beispiel die ärztliche Betreuung für die »normale« Bevölkerung nahezu kostenlos ist. Wenn aber auf 500.000 Menschen nur ein Krankenhaus durchschnittlicher Größe kommt, dann wird dieses Recht zur Farce. Vor allem dann, wenn zwar die Untersuchung kostenlos ist, die Medizin aber bezahlt werden muss. Auf die multinationalen Konzerne wirft es ein mehr als fadenscheiniges Bild, wenn sie die Produktion und den Einsatz von kostengünstigen Generika zur Behandlung von Aids-Kranken in den Entwicklungsländern mit dem Verweis auf bestehende Patente verhindern! Dies ist nur ein Beispiel für die Einflussmöglichkeiten von kritischen Aktionären, auf die ich später noch zu sprechen kommen werde.

Die aus den ökonomischen Verflechtungen erwachsende Problematik zeigt sich im folgenden Beispiel: Es ist mehr als befremdend, wenn auf einem afrikanischen Markt dieselben Zwiebeln verkauft werden wie auf einem Markt in Köln, Wien oder Zürich. Die Europäische Union subventioniert den Export von europäischem Gemüse nach Afrika mit Steuergeldern und macht die regionalen Kleinbauern kaputt. Auch wird dadurch ein internationaler Einheitsmarkt von Nahrungsmitteln erstellt, der regionale, landestypische Erzeugnisse mit der Zeit in Vergessenheit geraten lässt.

So gut gemeint auch die Kleiderspenden sozial eingestellter Bürger in Mitteleuropa sind, so katastrophal sind die Auswirkungen auf die regionale Industrie in den Ländern. Wenn mitteleuropäische gebrauchte Kleidung ballenweise die Märkte in den Dörfern und Städten überschwemmt, dann haben regionale Schneider nicht mehr den Hauch einer Chance.

Nach wie vor beuten auch heute noch multinationale Konzerne die Rohstoffe vieler Entwicklungsländer aus. Die Bodenschätze in vielen Ländern kommen dann nur einer kleinen, elitären Clique zugute. Die Mehrheit der Bevölkerung hat nichts davon. Erwähnt sei hier nur die Rohölproblematik oder die Gold- und Kupfergewinnung. Zudem wirft auch das Thema der sogenannten Blutdiamanten aus Afrika erhebliche moralische Fragen auf.

Doch hat auch die Weltbank die ökonomische Entwicklung dieser Länder in der Vergangenheit nicht immer positiv gefördert. Jahrzehntelang wurden die Kredite mehr mit dem Füllhorn über den Ländern ausgeschüttet, ohne dass das Geld wirklich immer sinnvoll investiert wurde. Zu oft versickerte das Geld in dunklen Kanälen oder wurde in fragwürdige Projekte gesteckt. Ohne begleitende Kontrollen der Verwendung des Geldes gelangte es nicht immer nur in notwendige Infrastrukturmaßnahmen, sondern auch in nationale Prestigeprojekte. Anschließend sollte man die Frage nach Sinn oder Unsinn besser nicht immer stellen. Oder vielleicht gerade deswegen! Denn die Investitionen führten zu keinem nachhaltigen wirtschaftlichen Aufschwung. Ergab sich anschließend in der Weltkonjunktur eine Delle, die in den Entwicklungsländern aufgrund der einseitigen Ausrichtung – zum Beispiel in landwirtschaftlichen Monokulturen oder nur auf einen Rohstoff – schnell in eine Katastrophe münden konnte, so begann die Spirale der Abwärtsentwicklung. Die Staaten konnten die Kredite nicht zurückzahlen. Um die Verpflichtungen einhalten zu können, wurde die »Gelddruckmaschine angeworfen«, die Inflation stieg, die Arbeitslosigkeit nahm zu, die Verelendung weiterer Bevölkerungsschichten ebenfalls.

Unter dem Strich haben nur wenige Menschen von den Maßnahmen der internationalen Gemeinschaft in der Vergangenheit wirklich profitiert. Nicht umsonst hat der ehemalige Chef der Deutschen Bank, Alfred Herrhausen, schon in den achtziger Jahren auf die Verschuldensproblematik der Entwicklungsländer und die dramatischen Folgen hingewiesen. Er forderte schon damals einen massiven Schuldenerlass und war damit seiner Zeit voraus. Herrhausen sah kommen, dass die Entwicklungsländer ihre immer neuen Schulden eines Tages nicht mehr zurückzahlen können. In der Spirale von alten und immer neuen Krediten sowie gigantischen Zinszahlungen haben diese Länder einen Teil der Schulden unter Umständen längst bezahlt. Diese zusätzliche Ausbeutung hat er kritisiert und wurde damals dafür kräftig gescholten. Es ist dies einer der nicht zu verstehenden tragischen Momente in der Geschichte: Jemand, der sich für Menschen in allen Ländern einsetzte und ein sehr sozial geprägtes Bild von gesellschaftlicher Entwicklung hatte, wurde aufgrund seiner Tätigkeit für eine Großbank ermordet.

Heute würde man ihn sehr viel besser verstehen und es gäbe mehr Menschen, die ihn auf dem Weg der Einflussnahme auf eine gesellschaftliche Entwicklung begleiten würden. Selbst aber in den Staaten Mitteleuropas geraten die gesellschaftlichen Strukturen an die Grenzen des Machbaren. Auf der einen Seite gibt es wirtschaftliche Prosperität, auf der anderen Seite eine zunehmende Zahl von Sozialhilfeempfängern.

Die Lösung besteht nun darin, Einfluss darauf zu nehmen und zu vermeiden, dass Arme immer ärmer werden und Reiche immer reicher. Hier soll jedoch keine Lanze für »eine Art Neo-Sozialismus« gebrochen werden. Nach wie vor halte ich die Marktwirtschaft immer noch für die beste aller Wirtschaftsformen, um möglichst vielen Menschen in einer Gesellschaft ein hohes Maß an Wohlstand und Auskommen zu ermöglichen. Das schließt auch und vor allem den Zugang zu Bildungseinrichtungen, zu Gesundheits-, Altersvorsorge- und weiteren Sozialsystemen mit ein.

In den letzten Jahren ist allerdings das Soziale in der Marktwirtschaft »etwas« zu kurz gekommen. Leistung muss sich lohnen, aber für alle Bevölkerungsschichten. Wenn der Lohnzuwachs breiter Bevölkerungsteile in Europa knapp über dem Inflationsniveau liegt und gleichzeitig die Kosten für Energie um ein Vielfaches steigen, dann haben die Menschen das Gefühl, dass sie sich auf dem sozialen Abstieg befinden. Wenn sie dann noch zur Kenntnis nehmen müssen, dass die Gehälter anderer Bevölkerungsteile jährlich um deutlich mehr als 10 Prozent steigen, ist dies nur noch schwer nachvollziehbar.

Gerade für einen Christen muss es daher ein grundlegendes Bedürfnis sein, das Wesen des Geldes zu verstehen und es im Einklang mit dem christlichen Glauben einzusetzen. Geld an sich ist nicht grundsätzlich schlecht. Es kommt nur darauf an, was man damit macht und welchen Einfluss man mit Geld ausübt. Es ist nicht hoffnungslos, wenn jeder Mensch versucht, mit seinem Geld Investments zu fördern, die dem Anspruch nach christlicher Geldanlage gerecht werden. Die Ziele: Frieden, Gerechtigkeit und Bewahrung der Schöpfung können im richtigen Umgang mit Geld erreicht werden.

DIE BIBEL UND DAS GELD 2

Die Bibel spricht immer wieder vom Geld. Das Neue Testament setzt die Geldwirtschaft des Hellenismus voraus. Jesus gebraucht in seinen Gleichnissen oft Beispiele aus der Finanzwelt. Er geht sehr vorurteilsfrei mit dem Geld um. Er erzählt einfach, welche Erfahrungen Menschen im Umgang mit Geld machen. Doch das ist für ihn immer ein Bild für eine tiefere Wahrheit, für den Umgang mit uns selbst und für unsere Beziehung zu Gott. Auch Paulus hat keine Bedenken, das Geheimnis der Erlösung mit Begriffen aus der Finanzwelt zu beschreiben, etwa vom Schuldenerlass oder vom Schuldschein, der ans Kreuz geheftet wurde. (Vgl. Kolosserbrief 2,14)

Von den vier Evangelien ist es vor allem das Lukasevangelium, das sich mit dem rechten Gebrauch von Geld und Besitz beschäftigt. Lukas entstammt wohl selbst einer begüterten Schicht. Er schreibt sein Evangelium an griechisch gebildete Leser und an den griechischen Mittelstand, also an Großgrundbesitzer, Kaufleute und Handwerker. Für ihn zeigt sich die Nachfolge Jesu konkret darin, wie ich mit Reichtum und Besitz umgehe. In der Apostelgeschichte hat Lukas ausführlich beschrieben, wie die Urgemeinde mit dem Geld umgegangen ist. Ein Zeichen, dass das Reich Gottes gekommen war, war für Lukas die Gemeinschaft der Urkirche, die alles gemeinsam hatte. Die Gütergemeinschaft ermöglichte auch die Gemeinschaft der Herzen und die innere Gleichberechtigung vor Gott. So möchte ich nicht die vielen Aussagen des Alten und Neuen Testaments über das Geld behandeln, sondern mich auf das Lukasevangelium beschränken und seine Sicht des Geldes in unsere Zeit hineinübersetzen.

2.1 Geld verleihen

In der Feldrede überliefert uns Lukas ähnliche Worte Jesu, wie sie Matthäus in der Bergpredigt zusammengestellt hat. Doch bei der Feindesliebe spürt man, dass Lukas die Gepflogenheiten des hellenistischen Geldverkehrs im Blick hat. Da wird die Feindesliebe konkretisiert beim Thema des Ausleihens von Geld: »Wenn ihr nur denen etwas leiht, von denen ihr es zurückzubekommen hofft, welchen Dank erwartet ihr dafür? Auch die Sünder leihen Sündern in der Hoffnung, alles zurückzubekommen.« (Lukasevangelium 6,34) Lukas bezieht sich hier auf die Menschen, die Geld besitzen. Er aktualisiert Jesu Feindesliebe in die Situation seiner griechischen Gemeinde hinein, die begütert war. Eine Weise, den Feind zu lieben, bedeutet, ihm Geld zu geben, ohne es mit Zins und Zinseszins zurückzuerwarten. Lukas kennt nicht das Zinsverbot. Er geht davon aus, dass in der Welt das Geld so verliehen wird, dass man dafür auch einen Zins bekommt. Die christliche Weise, auch die zu lieben, die mir nicht wohlgesinnt sind, besteht darin, diesen Menschen Geld zu leihen, auch wenn man nichts zurückbekommt. Das verlangt eine innere Freiheit dem Geld gegenüber: Ich kann auch Geld verlieren. Ich bin nicht versessen darauf, möglichst viel aus meinem Geld zu machen. Mein Geld soll vielmehr anderen dienen.

Jesus spricht ohne Vorurteile vom Geldverleihen. In der Erzählung von der Sünderin, die Jesus die Füße wäscht, bringt er sogar das Beispiel vom Geldverleiher: »Ein Geldverleiher hatte zwei Schuldner; der eine war ihm fünfhundert Denare schuldig, der andere fünfzig. Als sie ihre Schulden nicht bezahlen konnten, erließ er sie beiden. Wer von ihnen wird ihn nun mehr lieben?« (Lukasevangelium 7,41 f.) Der Geldverleiher wird nicht bewertet. Jesus findet das offensichtlich normal. Aber in diesem Geldverleiher wird etwas von Gottes Großzügigkeit und Barmherzigkeit sichtbar. Gott ist so großzügig, dem Menschen die Schuld zu erlassen. Und dem, dem die Schuld erlassen wird, widerfährt Gottes Barmherzigkeit. Er wird dadurch fähig, mehr zu lieben als andere, die meinen, sie könnten sich die Barmherzigkeit Gottes durch Leistung erwerben. Wenn der Mensch an der Barmherzigkeit Gottes teilhat, dann hat er verstanden, wer der Gott Jesu Christi ist. Dann erfüllt er die Essenz der Feldrede: »Seid barmherzig, wie es auch euer Vater ist!« (Lukasevangelium 6,36)

Dass Geld für Jesus durchaus etwas Positives ist, mit dem man Gutes tun und den Menschen dienen kann, wird an verschiedenen Stellen sichtbar. Lukas erzählt von den Frauen, die Jesus begleiteten. Von ihnen heißt es: »Sie alle unterstützten Jesus und die Jünger mit dem, was sie besaßen.« (Lukasevangelium 8,3) Die Frauen waren also vermögend. Sie dienten Jesus mit ihrem Geld. Vermutlich machten sie die Einkäufe für Jesus und die Jünger. Ihr Geld hatte also eine unterstützende und dienende Funktion. Sie setzten es für einen guten Zweck ein. Aber sie waren auch realistisch. Sie wussten, dass auch Jesus und sein Jüngerkreis nicht ohne Geld auskamen. Um die Frohe Botschaft verkünden zu können, brauchten sie Geld. Jesus selbst begründet das in seiner Aussendungsrede mit den Worten: »Wer arbeitet, hat ein Recht auf seinen Lohn.« (Lukasevangelium 10,7)

Bei einem Vortrag kam einmal ein junger Mann auf mich zu und beschimpfte mich, weil er für den Vortrag Eintritt bezahlen sollte. Er meinte, Jesus hätte auch keine Kasse gehabt. Zum einen hatte er übersehen, dass die Organisation eines Vortrags Geld kostet und dem Veranstalter dann durchaus auch Geld bringt, damit er andere Veranstaltungen, die den Menschen dienen, damit finanzieren kann. Zum anderen hat er offensichtlich die Bibel nicht genau gelesen. Jesus hatte in seinem Jüngerkreis offensichtlich eine Kasse. Bei Lukas sind es vermögende Frauen, die die Kasse führten. Bei Johannes ist es Judas, der über die Kasse wachte. (Vgl. Johannesevangelium 13,29) Auch wenn Jesus arm gelebt hat, mussten er und sein Jüngerkreis von etwas leben.

Vom barmherzigen Samariter, der den am Rand liegenden verwundeten Mann verbindet und auf sein Reittier lädt und in eine Herberge bringt, heißt es: »Am andern Morgen holte er zwei Denare hervor, gab sie dem Wirt und sagte: Sorge für ihn, und wenn du mehr für ihn brauchst, werde ich es dir bezahlen, wenn ich wiederkomme.« (Lukasevangelium 10,35) Der Mann aus Samarien hatte offensichtlich Geld bei sich. Und das setzt er segensreich für den verletzten Mann ein. Sein Geld dient der Gesundheit des verwundeten Mannes. Er hat damit gleichsam die Krankenhauskosten bezahlt.

Für mich ist das ein wesentlicher Aspekt des Geldes. Geld dient den Menschen, seiner Gesundheit, seiner Bildung, seinem Lebensunterhalt. Wenn wir für andere Menschen etwas tun wollen, wenn wir sie ausbilden möchten, wenn wir ein Projekt für Straßenkinder durchführen, braucht es immer Geld. Die Frage ist, woher ich das Geld bekomme. Soll ich es allein durch Betteln erwerben oder soll ich nicht auch auf die eigenen Fähigkeiten, Geld zu verdienen, zurückgreifen? Ich denke, Gott hat uns die Gabe des Denkens gegeben, dass wir sie auch nutzen. Karl Rahner meinte einmal, Denkfaulheit sei keine Gabe des Heiligen Geistes. Das gilt für mich auch für die Frage, wie ich mein Geld anlege. Manchmal habe ich den Eindruck, dass der ideologische Widerstand gegen das Anlegen von Geld nur der eigenen Angst und Unfähigkeit, sinnvoll mit Geld umzugehen, entspringt. Statt die eigene Unfähigkeit zuzugeben und sie zu betrauern, überhöht man sie ideologisch und blickt neidisch auf die, die mit Geld kreativer umgehen. Und man hat nicht die innere Freiheit dem Geld gegenüber. Wenn ich mit dem Geld anderen diene, dann verdiene ich es nicht für mich, sondern damit Menschen davon leben können.*

2.3 Die innere Freiheit dem Geld gegenüber

Im 12. Kapitel erzählt uns Lukas eine Szene, in der ein Mann auf Jesus zukommt und ihn auffordert: »Meister, sag meinem Bruder, er soll das Erbe mit mir teilen.« (Lukasevangelium 12,13) Jesus weigert sich. Er versteht sich nicht als Schlichter in Geldangelegenheiten. Gerade bei Erbschaftsstreitigkeiten geht es nie allein um das Geld, sondern immer um die Frage, wer der Liebling des Vaters oder der Mutter war. Manchmal werden auf dem Hintergrund der rechtlichen Konflikte die alten Familienstreitigkeiten ausgetragen. Da leitet einen das Gefühl, zu kurz gekommen zu sein, von den Eltern nicht genügend Liebe und Zuwendung bekommen zu haben. Jetzt will man nachträglich den Mangel an Liebe ausgleichen, indem man sich vom Vermögen möglichst viel erkämpft. Doch mit Geld lassen sich die Familienkonflikte nicht lösen. Im Gegenteil, oft zerstreiten sich Familien dann bei der Erbschaftsfrage vollends. Das Tischtuch wird zerschnitten. Man spricht nicht mehr mit dem Bruder oder der Schwester.

Jesus nimmt den Erbschaftsstreit als Anlass, die Menschen vor jeder Art von Habsucht zu warnen. Das griechische Wort »pleonexia« meint: immer mehr haben wollen, nicht genug bekommen, den anderen übervorteilen. Wer immer mehr haben will, definiert sich nur von außen. Er findet seinen eigenen Wert nie. Er kommt nie zu sich selbst und in seine Mitte. Er wird nie zufrieden werden. Jesus drückt das in einem etwas komplizierten Satz aus. Die Einheitsübersetzung deutet ihn so: »Der Sinn des Lebens besteht nicht darin, dass ein Mensch aufgrund seines großen Vermögens im Überfluss lebt.« (Lukasevangelium 12,15) Manche verstehen diesen Satz so, dass der Mensch das Notwendige haben solle, aber nicht das Überflüssige. Alles Überflüssige solle er an andere weitergeben. Man könnte diesen Satz jedoch auch übersetzen: »Das Leben bezieht seinen Sinn nicht aus dem Überfließen dessen, was ihm an äußeren Mitteln zur Verfügung steht.« Das Leben selbst muss fließen. Die Habe kann nicht fließen. Das, was ich festhalte, bringt das Leben eher ins Stocken. Der Mensch lebt nur, wenn sein Leben und seine Liebe zum anderen hinfließt. Und eine Weise des Fließens könnte darin bestehen, nicht nur das Überflüssige anderen zukommen zu lassen, sondern sein Geld selbst zum Wohl der Menschen zu verströmen.

Was Jesus damit meint, erklärt er am Beispiel eines reichen Kornbauern. (Vgl. Lukasevangelium 16ff.) Dessen Felder haben gut getragen. Er kann also dankbar sein. Es war aber nicht sein Verdienst, dass er eine so gute Ernte einfahren konnte. Lukas schildert die Überlegungen, die der reiche Bauer anstellt, in Form eines Selbstgesprächs. Er verwendet gerne dieses Stilmittel aus der griechischen Tragödie. Damit möchte er die Gedanken des Hörers ausformulieren. Wir alle kennen solche Gedanken, die der reiche Kornbauer bei sich überlegt. Sie klingen durchaus vernünftig. Wenn seine Ernte nicht in die alten Scheunen passt, ist es sinnvoll, größere zu bauen. Doch er kreist in seinem Denken nur um sich selbst und seine finanzielle Zukunft. Er benutzt das, was Gott ihm in der Ernte geschenkt hat, nicht, um es mit anderen zu teilen, sondern hat nur sein eigenes Wohlergehen im Blick. Er spricht nicht zu Gott, sondern zu seiner eigenen Seele Worte, die auch im griechischen und ägyptischen Umfeld weitverbreitet waren: »Ruh dich aus, iss und trink, und freu dich des Lebens.« Das sind Gedanken, die der epikureischen Philosophie entsprechen, die damals in Griechenland beliebt war und die auch heute neue Anhänger findet. Es geht darum, das Leben möglichst zu genießen, sich immer wohlzufühlen. Wellness-Angebote sprechen auch heute viele an. Das darf auch sein. Doch Jesus sieht die Gefahr darin, dass man dabei nur um sich selbst kreist, um das Sichwohlfühlen. Aber wir können das Wohlfühlen nicht planen und schon gar nicht festhalten. Gott selbst könnte uns einen Strich durch die Rechnung machen: »Du Narr! Noch in dieser Nacht wird man dein Leben von dir zurückfordern. Wem wird dann all das gehören, was du angehäuft hast?« (Lukasevangelium 12,20) Wir können nichts festhalten, weder Besitz noch Erfolg noch Anerkennung und Bestätigung. Das sind äußere Dinge. Es geht um das Leben, um die Seele, wie es im Griechischen heißt. Die Seele bezieht sich auf den inneren Menschen. Dort, im Innern, entscheidet sich, ob das Leben gelingt oder nicht.

Besitz ist nicht an sich schlecht. Doch – so sagt C. G. Jung – er hat die Tendenz, die Maske zu verstärken. Im Geld liegt die Versuchung, den mangelnden Selbstwert durch Geldwert auszugleichen und zu kompensieren. Doch das führt dazu, dass der Mensch von seiner Seele getrennt wird. Eine Frau erzählte mir von ihrem Mann, der als Wirtschaftsprüfer sehr erfolgreich ist. Seine Gedanken kreisen nur noch um das Geld, nur noch um die Frage, wie er noch mehr verdienen könnte. Doch sie erreicht sein Herz nicht mehr. Das Geld hat ihn von seinem Herzen abgeschnitten. Sein Herz ist hart geworden. Es kann keine Gefühle mehr zulassen. Er lebt an sich und an Gott vorbei. Jesus meint, wer wie der reiche Kornbauer seinen Besitz festhalten möchte, der scheitert. Jesus spricht von Menschen, die nur für sich selbst Schätze sammeln, die alles nur für sich haben wollen. Sie können nie genug bekommen. Doch ihr Leben bringt keine Frucht. In der heutigen Psychologie spricht man vom »Flow-Gefühl«, das die wahre Bedingung für das Glücklichsein ist. Das Leben muss fließen. Und fließen wird es nur, wenn ich mich und meine Zeit und auch meinen Besitz hingebe, mich an die Arbeit hingebe, mich an Menschen hingebe. Jesus meint, wer sich hingibt, der wird reich vor Gott.

Das Beispiel Jesu vom reichen Kornbauern zeigt einen wesentlichen Aspekt des spirituellen Umgangs mit Geld. Ich muss immer wissen, dass ich sterblich bin und dass ich das Geld im Tod nicht mitnehmen kann. Meine Mutter sagte immer: »Man soll immer mit der warmen Hand geben.« Es gibt Menschen, die bis ins hohe Alter alles festhalten wollen, um ihren Nachkommen etwas zu vererben. Doch wenn sie geizig sind, solange sie leben, werden die Kinder und Enkelkinder auch am Erbe nicht viel Freude haben. Sie werden die Härte des Vaters oder der Mutter in ihren Auseinandersetzungen fortsetzen. Das Geld wird ihnen nicht zum Segen, sondern eher zum Fluch.

Der Gedanke an den Tod soll uns einmal zur Großzügigkeit einladen, zum anderen soll er uns bewusst machen, dass wir immer eine innere Freiheit dem Geld gegenüber brauchen. Wer beim Geldanlegen immer nur – wie der reiche Kornbauer – darum kreist, wie er noch mehr verdienen kann, der ist nicht frei. Und wer auch noch während des Gebetes ständig an das Geld denkt, der ist von ihm abhängig. Jesus will, dass wir mit dem Geld gut umgehen, aber innerlich frei bleiben. Er stellt uns mit der Geschichte vom reichen Kornbauern vor die Frage, woher wir uns definieren: von Gott oder vom Geld, und woran wir unser Herz hängen. Wenn wir immer nur daran denken, wie wir unser Geld vermehren können, dann sind wir in Gefahr, das Geld zum Götzen zu machen und uns selbst zu versklaven. Das Geld wird all unsere Gedanken bestimmen und uns abschneiden von unserem wahren Wesen. Jesus fordert uns heraus, nachzudenken, was der eigentliche Sinn unseres Lebens ist. Der Sinn besteht nicht darin, möglichst viel zu haben, sondern das, was Gott uns schenkt, zum Segen der Menschen einzusetzen. Das gilt für das Geld, aber auch für all die Gaben, die Gott uns zur Verfügung gestellt hat, damit wir den Menschen dienen.

Die Sorge um das Geld und um das Reich Gottes 2.4

Wir müssen immer um das eigentliche Ziel unseres Lebens wissen. Darauf verweist uns Jesus in dem Lehrgedicht von der falschen und rechten Sorge, die Lukas als Kommentar zu der Erzählung vom reichen Kornbauern bringt. (Vgl. Lukasevangelium 12,22 ff.) Wohl kaum ein anderer Text hat so viel Kritik hervorgerufen wie dieses Lehrgedicht Jesu. Es sei unverantwortlich, nicht für das Morgen zu sorgen. Ernst Bloch meint, der Text zeige die ökonomische Naivität des Christentums. Doch hier geht es nicht um die wirtschaftliche oder finanzielle Vorsorge für eine Familie oder eine Firma oder Gemeinschaft. Hier geht es um die Sorge an sich. Viele Menschen werden heute von Sorgen geplagt. Sie machen sich Sorgen, ob sie ihr Leben meistern, ob sie im Alter noch genügend haben, um leben zu können.

Das griechische Wort für Sorge »merimna« meint das sorgende oder besorgende Sichkümmern um etwas, die bange Erwartung von etwas, die Angst vor etwas. Jesus kennt die oft quälenden Sorgen, die uns zermartern. Diese Sorgen – so sagt uns ein Psalmvers – sollen wir auf den Herrn werfen. Jesus antwortet uns auf die Qual, die uns die Sorgen bereiten, mit einem Lehrgedicht. Er verweist die Männer, die für die Feldarbeit verantwortlich waren, auf die Vögel, die nicht säen und nicht ernten und doch immer genügend zum Essen haben. Gott sorgt für sie. Und er verweist die Frauen, die für die Hausarbeit und für das Spinnen zuständig waren, auf die Lilien des Feldes, die nicht arbeiten und nicht spinnen und doch wunderbar gekleidet sind. (Vgl. Lukasevangelium 12,24–27)

Es ist verständlich, dass der Mensch sich ängstlich um sein Leben und seine Zukunft sorgt. Denn sein Dasein in dieser Welt ist gefährdet. Aber die Ungesichertheit seiner Existenz soll ihn nicht in die ängstliche Sorge treiben, sondern in das Vertrauen darauf, dass Gott selbst für ihn sorgt. Jesus verweist auf den Vater, der weiß, dass wir das Geld für unseren Lebensunterhalt brauchen. Aber er zeigt uns auch, worum es eigentlich in unserem Leben geht: »Euch jedoch muss es um sein Reich gehen; dann wird euch das andere dazugegeben.« (Lukasevangelium 12,31) Es handelt sich also nicht darum, meine irdische Existenz nicht sinnvoll und verantwortungsvoll zu planen und auch eine gewisse Vorsorge und Absicherung zu schaffen. Der entscheidende Punkt aber ist: Wenn ich nur um mich und meine Angst kreise, wird mein ganzes Leben von der Sorge aufgefressen und ich werde voller Unruhe nach immer neuen Wegen der Absicherung Ausschau halten. Der Blick auf das Reich Gottes relativiert hingegen meine Sorge. Ich kann mich noch so gegen Diebstahl versichern. Ich kann ihn damit doch nicht verhindern. Ich kann noch so viel in die Lebensversicherung einzahlen. Ich kann damit mein Leben nicht verlängern. Ich habe keine Garantie auf ein gesundes Leben und hohes Alter. Ich bin in Gottes Hand. Das Entscheidende ist, dass Gottes Reich kommt, dass Gott auch in mir herrscht. Wenn Gott in mir herrscht, dann werde ich frei von quälender Sorge, dann befreit mich Gott von den Götzen dieser Welt, an die ich mich ängstlich klammere und die nie Ruhe geben, bis ich ihnen ganz gehöre.

Ängstliches Sorgen verdunkelt den Geist. Ich werde zwar für meine Zukunft sorgen. Aber ich werde nicht vernünftig handeln. Die Angst wird mich zu unsinnigen Ausgaben und Absicherungen treiben. Jesus will uns von der ängstlichen Sorge befreien, damit wir vernünftig die Verantwortung für uns und unsere Familie wahrnehmen. Die Kunst besteht darin, für die Zukunft zu sorgen und zugleich die Sorge immer wieder loszulassen. Das Reich Gottes ist nicht ein äußeres Reich, sondern ein Bild für den inneren Raum der Stille, in dem Gott in uns wohnt. Das Reich Gottes – so sagt Jesus im Lukasevangelium – ist in uns. (Vgl. Lukasevangelium 17,21) In uns ist ein Raum des Schweigens, in dem Gott in uns herrscht. Und dort, wo Gott in uns herrscht, sind wir frei von der Macht der Menschen, von ihren Erwartungen und Ansprüchen, und frei von Sorgen und Ängsten. Dort sind wir heil und ganz, im Frieden mit uns selbst und ganz wir selbst.

In diesem inneren Raum, in dem Gott in mir wohnt, kann ich einen Augenblick lang die Erfahrung machen, dass ich alles habe, was ich zum Leben brauche. Da hört die Angst um meine wirtschaftliche Zukunft auf. Das heißt nicht, dass ich nicht verantwortungsvoll mit meinen Finanzen umgehe. Aber es gibt in mir einen Raum, der davon unberührt bleibt. Das gibt mir wahre Freiheit und Ruhe. In diesem inneren Raum quält mich keine Sorge. Ganz gleich, was mit mir geschehen wird, ich weiß: Gott ist in mir. Und wo Gott, das Geheimnis, in mir wohnt, da kann ich daheim sein, da bin ich mitten in der Ungeborgenheit und Ungesichertheit der Welt trotzdem getragen und geborgen.

Darauf verweist uns Jesus in den Worten im Anschluss an das Lehrgedicht von der Sorge: »Macht euch Geldbeutel, die nicht zerreißen. Verschafft euch einen Schatz, der nicht abnimmt, droben im Himmel, wo kein Dieb ihn findet und keine Motte ihn frisst. Denn wo euer Schatz ist, da ist auch euer Herz.« (Lukasevangelium 12,33 f.) Auch dieses Wort kann man verschieden deuten. Für Lukas verschaffen wir uns einen Schatz im Himmel, wenn wir unser Geld mit den Armen teilen. Das ist ein wichtiger Weg, innere Schätze zu sammeln. Doch Jesus zeigt uns noch einen anderen Weg. Er will uns sagen, worum es in unserem Leben eigentlich geht: nicht um äußere Schätze, sondern um den inneren Reichtum der Seele. Der wahre Reichtum des Menschen ist Gott. Wenn Gott unser Schatz ist, dann ist auch unser Herz bei Gott und in Gott. Und nur in Gott ist unser Herz wirklich lebendig. Wenn das Herz an äußeren Schätzen hängt, wird es hart und unbarmherzig. Nur wenn wir das Herz für Gott öffnen, wird es lebendig bleiben und auch barmherzig zu den Menschen sein.

Der zuverlässige Umgang mit Geld 2.5

Im Anschluss an das Gleichnis vom klugen Verwalter (vgl. Lukasevangelium 16,1–8) bringt Lukas einige Worte Jesu, in denen er über den zuverlässigen Umgang mit dem Geld spricht: »Macht euch Freunde mit Hilfe des ungerechten Mammons, damit ihr in die ewigen Wohnungen aufgenommen werdet, wenn es (mit euch) zu Ende geht. Wer in den kleinsten Dingen zuverlässig ist, der ist es auch in den großen, und wer bei den kleinsten Dingen Unrecht tut, der tut es auch bei den großen. Wenn ihr im Umgang mit dem ungerechten Reichtum nicht zuverlässig gewesen seid, wer wird euch dann das wahre Gut anvertrauen? Und wenn ihr im Umgang mit dem fremden Gut nicht zuverlässig gewesen seid, wer wird euch dann euer (wahres) Eigentum geben?« (Lukasevangelium 16,9–12)

Mammon heißt: »das, worauf man Vertrauen hat, das, worauf man zählen kann« (Bovon II, 80). Es wird im Neuen Testament zum Bild für den Reichtum. Das Geld ist hier nicht von sich aus schlecht. Hier spricht Jesus vielmehr vom Geld, das man auf unredliche Weise erworben hat. Aber selbst mit diesem Geld soll man sich anfreunden und Gutes tun. Indem man das Geld, das man hat – ganz gleich, ob auf rechte oder unrechte Weise erworben –, den Armen gibt, macht man sich Freunde, die uns dann im Tod an der Pforte zum Himmel erwarten.

Die Verwandlung des Geldes durch das Geben hat Jesus noch in einem anderen Wort im Blick, das Lukas auf seine eigene Weise deutet: »Gebt lieber, was in den Schüsseln ist, den Armen, dann ist für euch alles rein.« (Lukasevangelium 11,41) Bei Markus geht es darum, dass Jesus alle Speisen für rein erklärt. Hier bei Lukas wird für uns alles rein, wenn wir es den Armen geben. Das ist eine eigenartige Deutung. Der evangelische Exeget François Bovon zieht aus dieser Interpretation die Folgerung: »Die Haltung gegenüber dem Geld ist bei Lukas der Test und das Symbol für die Haltung gegenüber Gott.« (Bovon II, 228) Die Freiheit gegenüber dem Geld, die sich im Teilen mit anderen Menschen zeigt, macht das Geld für den Menschen rein.

In den Versen 10 bis 12 im 16. Kapitel des Lukasevangeliums beschreibt Lukas das Geld mit verschiedenen Bildern. Es ist etwas Geringes. Wir sollen es also nicht als das höchste Gut ansehen. Es ist ungerechter Reichtum, der uns nicht wirklich zusteht, der uns aber trotzdem anvertraut ist. Und das Geld ist letztlich ein fremdes Gut, das uns nicht wirklich gehört, sondern uns anvertraut wurde. Aber trotzdem sollen wir mit dem Geld zuverlässig und treu und redlich umgehen. Im Umgang mit Geld zeigen wir zugleich auch immer unser wahres inneres Wesen. Wenn wir mit dem Geld richtig umgehen, wird auch Gott mit uns gut umgehen und uns große Dinge schenken, das wahre Gut anvertrauen und das, was wirklich unser Eigentum ist, schenken. Mit diesen Begriffspaaren klein–groß, ungerecht–wahr und fremd–eigen bezieht sich Lukas auf Vorstellungen der griechischen Philosophie, vor allem der Philosophie Platons. Für Platon ist das Geld zum einen gering im Vergleich zur Seele. Es ist »adikos«, das heißt: etwas, das uns täuschen kann, dem man letztlich nicht trauen kann. Und zum anderen ist es etwas Fremdes, etwas, das mit unserer wahren Natur nichts zu tun hat. Es kann den Menschen von seinem wahren Wesen entfremden. Das eigentliche Eigentum, das, was dem Menschen wesentlich ist, ist die Seele. Aber – und darin liegt das Revolutionäre an den Worten Jesu in der Deutung des Lukas – auch wenn das Geld etwas Fremdes und letztlich Ungerechtes ist, was uns nicht zusteht, so sollen wir doch damit zuverlässig umgehen. Denn am zuverlässigen Umgang mit dem Geld hängt unsere Beziehung zu Gott. Gott wird uns den inneren Reichtum der Seele nicht schenken, wenn wir nicht mit den äußeren Dingen wie Geld und Besitz auf gute und zuverlässige Weise umgehen.

Lukas erwartet also nicht, dass die Großgrundbesitzer, Kaufleute und Händler aus dieser Welt auswandern oder ihren Reichtum verschleudern. Sie sollen treu und zuverlässig, sorgfältig und achtsam damit umgehen. Das griechische Wort »pistos« bezieht sich auf Personen, denen man trauen und Glau-

ben schenken kann. Geld kann immer auch zum Betrug verleiten. Daher verlangt Jesus von uns, dass wir vertrauenswürdig sind, wenn wir mit dem Geld umgehen. Das Geld wird hier nicht gepriesen. Aber es wird einfach als Realität angenommen. Und mit dieser Realität sollen wir zuverlässig umgehen. An der Art und Weise, wie wir mit Geld umgehen, zeigt sich letztlich unsere Spiritualität. Diese Erfahrung kann ich als Cellerar täglich machen. Wie die Mitbrüder mit Geld umgehen, das sagt immer etwas über ihren Charakter aus. Der Mitbruder, der die Kasse verwaltet, lernt die Mitbrüder sehr genau kennen. Da zeigt sich, was echte Spiritualität ist und was nur frommer Schein ist, unter dem sich ängstliche Sorge, das Gefühl, zu kurz gekommen zu sein, oder gar Gier verstecken.

Lukas lässt auf die Worte vom sorgfältigen und zuverlässigen Umgang mit dem Geld noch ein anderes Wort Jesu folgen: »Kein Sklave kann zwei Herren dienen; er wird entweder den einen hassen und den andern lieben, oder er wird zu dem einen halten und den andern verachten. Ihr könnt nicht beiden dienen, Gott und dem Mammon.« (Lukasevangelium 16,13) Bei den Juden war es durchaus möglich, dass ein Sklave zwei Herren gehörte. Doch Jesus radikalisiert hier. Wir können nicht Gott und dem Mammon dienen. Das Geld darf nicht auf die gleiche Ebene gestellt werden wie Gott. Sonst wird es zum Götzen. Wir sollen mit dem Geld sorgfältig umgehen. Aber wir dürfen nie dem Geld dienen. Wer dem Geld dient, der setzt es mit Gott gleich und macht sich davon abhängig. Wir sollen mit dem Geld den Menschen dienen. Aber wenn alles nur dem Geld dient, dann wird die Welt wirklich vom Geld regiert. Auf diese Weise wird sie unmenschlich. Wir erleben dies heute, dass alles nur nach finanziellen Gesichtspunkten gesehen wird: Jedes Arztgespräch, jeder Handgriff der Krankenschwester wird genau abgeschätzt und berechnet. Finanzielle Werte werden über die menschlichen Werte gestellt. Das schadet dem Menschen. Jesus meint, dass nur der gut mit Geld umgehen kann, der Gott dient, der Gott in den Mittelpunkt seines Lebens stellt. Sonst werden wir Sklaven des Geldes. Wer Gott dient, der wird frei, der erfährt seine menschliche Würde. Wer dem Geld dient, wird versklavt. Er wird selbst nur noch zur Ware, die nach finanziellen Werten bemessen wird. So verliert er seinen wahren Wert.

2.6 Den Besitz teilen

Immer wieder hat Lukas uns Worte Jesu überliefert, in denen es darum geht, unseren Besitz zu teilen. In der Geschichte vom Oberzöllner Zachäus (Lukasevangelium 19,1–10) zeigt er uns, wie der Mensch dazu fähig wird, seinen Besitz mit anderen zu teilen. Zachäus ist klein von Gestalt. Man könnte sagen: Er hat Minderwertigkeitskomplexe. Die hat er bislang dadurch kompensiert, dass er als Oberzöllner seine Untergebenen kleinmachte, um an seine Größe glauben zu können. Und er hat seinen mangelnden Selbstwert dadurch ausgeglichen, dass er möglichst viel Geld angesammelt hat. Doch der Reichtum bewirkt nicht das, was der Oberzöllner eigentlich möchte: gesehen und geachtet, angenommen und geliebt zu werden. Vielmehr wird Zachäus immer mehr ausgeschlossen und als Sünder abgestempelt. Diese Erfahrung machen auch heute viele Reiche. Einer erzählte mir: Die Leute wollen mich ja nur, weil ich viel Geld habe. Sie erwarten etwas von mir. Aber mich als Person mögen sie nicht. Nur wegen seines Geldes gern gesehen zu werden entspricht nicht unserer tiefsten Sehnsucht nach Liebe und Zuwendung.

Jesus verurteilt den Oberzöllner nicht. Er schaut zu ihm auf. Das griechische Wort »anablepo« meint, dass ich den Himmel über einem Menschen erkenne, dass ich im Menschen den göttlichen Kern schaue. Jesus sieht in Zachäus die Sehnsucht nach dem Guten und die Sehnsucht nach Gott. Und so lädt er sich selbst bei ihm ein, ohne ihm einen Vorwurf wegen seines Verhaltens zu machen. Diese bedingungslose Annahme durch Jesus verwandelt den geldgierigen Zöllner in einen freigebigen Menschen. Während sich die Leute empören, dass Jesus bei einem Sünder einkehrt, wendet sich Zachäus zu Jesus mit den Worten: »Herr, die Hälfte meines Vermögens will ich den Armen geben, und wenn ich von jemand zu viel gefordert habe, gebe ich ihm das Vierfache zurück.« (Lukasevangelium 19,8) Mit diesem Versprechen beschämt Zachäus die Pharisäer, die ihn als Zöllner und Sünder abgelehnt haben. Die Pharisäer erwarten, dass einer den fünften Teil seines Vermögens den Armen gibt. Zachäus spürt nun in sich die innere Freiheit, sein Geld den Armen zu geben, weil er es nicht mehr braucht, um seinen mangelnden Selbstwert auszugleichen.

Auch in dieser Geschichte muss Zachäus seinen Beruf nicht aufgeben. Er kann weiterhin Geld als Zöllner eintreiben. Aber er wird nicht mehr ungerecht damit umgehen. Er ist von sich aus dazu bereit, das, was er unrechtmäßig erworben hat, vierfach zurückzugeben. Zachäus wird verwandelt, weil er Liebe erfahren hat. Geld ist oft Ersatz für den Mangel an Liebe. Kinder nehmen Geld aus dem Geldbeutel der Eltern, wenn sie das Gefühl haben, zu wenig geliebt zu werden. Wer sich von Gott geliebt weiß, der wird auch wie Zachäus die richtige Beziehung zum Geld lernen. Er wird bereit sein, als Geliebter seine Liebe zu teilen und es konkret dadurch auszudrücken, dass er anderen etwas von seinem Geld gibt.

Der Jesus des Lukasevangeliums macht die Bereitschaft, seinem Ruf zu folgen, immer daran fest, ob jemand bereit ist, seinen Besitz loszulassen. Dabei muss er nicht alles hergeben. Er soll vielmehr sein Vermögen mit den Armen teilen. Es kann allerdings durchaus sein, dass es die Berufung eines Einzelnen ist, alles zu lassen. Das wird deutlich in der Geschichte vom reichen Jüngling, die Lukas ähnlich wie Markus und Matthäus erzählt. (Vgl. Lukasevangelium 18,18–30) Dieser junge Mann fragt Jesus, was er tun soll, um das ewige Leben zu gewinnen. Jesus verweist ihn auf die Gebote. Doch die hat er alle erfüllt. So spürt Jesus, dass dieser Mann zu mehr berufen ist: »Eines fehlt dir noch: Verkauf alles, was du hast, verteil das Geld an die Armen, und du wirst einen bleibenden Schatz im Himmel haben; dann komm und folge mir nach!« (Lukasevangelium 18,22) Jesus gibt hier kein Gebot an, das für alle gilt. Bei diesem einen Menschen hat er den Eindruck, dass seine Berufung darin besteht, alles zu lassen. Dann kann er auf neue Weise Jesus nachfolgen. Doch der junge Mann vermag diesem Ruf nicht zu folgen. »Der Mann aber wurde sehr traurig, als er das hörte; denn er war überaus reich.« (Lukasevangelium 18,23) Der Reichtum hindert den Mann, all das, was er besitzt, loszulassen, um so frei zu werden für die Armen und für die Nachfolge Jesu.

Jesus antwortet auf die Unfähigkeit des reichen Jünglings, ihm nachzufolgen: »Wie schwer ist es für Menschen, die viel besitzen, in das Reich Gottes zu kommen! Denn eher geht ein Kamel durch ein Nadelöhr, als das ein Reicher in das Reich Gottes gelangt.« (Lukasevangelium 18,24 f.) Dieses Wort hat vielen, die etwas besitzen, Angst gemacht. Es geht jedoch nicht darum, dass jeder Reiche vom Reich Gottes ausgeschlossen ist. Es geht vielmehr um die Menschen, die an ihrem Besitz hängen, die sich darüber definieren. Sie sind vom Reich Gottes ausgeschlossen. Denn in ihnen herrscht das Geld und nicht Gott. Reich Gottes aber meint, dass Gott die Herrschaft in uns übernimmt. Wenn Gott in uns wohnt, dann können wir frei mit dem Geld umgehen, dann können wir einen Teil oder sogar alles weggeben. Gottes Wirklichkeit wird so bestimmend für unser Leben, dass alles andere nicht mehr wichtig ist. Jesus will die Besitzenden nicht vom Reich Gottes ausschließen. Doch er will sie mahnen, ihren Besitz mit anderen zu teilen. Die harten Worte scheinen die Hörenden zu überfordern und so fügt Jesus dem hinzu: »Was für Menschen unmöglich ist,

ist für Gott möglich.« (Lukasevangelium 18,27) Gott kann selbst in das hart gewordene Herz eines Reichen eindringen und es für sich und sein Reich aufschließen. Daher steht es uns nicht zu, über die Reichen zu urteilen. Wir alle sollen für uns einen Weg finden, uns von unserem Besitz zu lösen und ihn mit anderen zu teilen.

2.7 Das Geld vermehren

Jeder Bibelleser kennt das Gleichnis Jesu von den Talenten. Bei Matthäus verteilt der Herr an einen Knecht fünf Talente (etwa 300.000,– Euro), an den anderen zwei und an den dritten nur eines. Die beiden ersten wirtschaften mit dem, was sie bekommen haben. Vermutlich verdoppeln sie das ihnen Anvertraute entweder durch einen intelligenten Handel oder durch ein Handwerk oder durch Landwirtschaft. Der dritte vergräbt sein Talent aus Angst vor dem strengen Herrn. Er hat Angst vor Gott. Daher möchte er auf gar keinen Fall einen Fehler machen. Er möchte nichts verlieren von dem, was ihm anvertraut wurde. Jesus verurteilt diesen dritten Knecht. Wenn er ein so negatives Gottesbild hat, dann wird sein Leben immer wieder Heulen und Zähneknirschen sein. Und wenn er nur darauf aus ist, keinen Fehler zu machen, wird er sein Leben verfehlen und alles falsch machen. Wer alles kontrollieren möchte, dem gerät das Leben todsicher außer Kontrolle. Der Herr im Gleichnis sagt zum dritten Knecht: »Hättest du mein Geld wenigstens auf die Bank gebracht, dann hätte ich es bei meiner Rückkehr mit Zinsen zurückerhalten.« (Matthäusevangelium 25,27) Das wäre zwar nicht die beste Möglichkeit gewesen. Aber Jesus geht davon aus, dass das Anlegen des Geldes bei der Bank zumindest eine Möglichkeit ist, das Geld zu vermehren.

Lukas erzählt ein ähnliches Gleichnis. Doch die Unterschiede, die er zu Matthäus hat, zeigen wiederum, dass er an die griechische Geldwirtschaft denkt. (Vgl. Lukasevangelium 19,11–27) Bei Lukas ruft der Herr seine zehn Diener zusammen und gibt jedem den gleichen Geldbetrag: eine Mine. Der ist wesentlich geringer als bei Matthäus. Er entspricht etwa 1.000,– Euro. Der erste Diener hat den Geldbetrag in der Zwischenzeit verzehnfacht, der andere verfünffacht. Sie haben also mit ihrem Geld gearbeitet und es vermehrt. Das ist für Jesus nichts Anstößiges. Es ist vielmehr Bild für das Leben. Jesus geht es hier sicher nicht um die Frage des Geldanlegens, sondern um die Aufforderung, aus Vertrauen sein Leben zu wagen, anstatt sich und seine Talente zu vergraben, aus Angst, man könnte nicht der Beste sein. Wir müssen nicht die Besten sein. Aber wir müssen mit dem, was wir bekommen haben, uns trauen, Neues zu versuchen.

Das Geldanlegen ist für Jesus also ein Bild für einen spirituellen Prozess, für die Bereitschaft, sein Leben zu wagen und sich an ein Werk oder an Menschen hinzugeben. Nur wer sich hingibt, gewinnt sein Leben. Wenn das Geldanlegen ohne Gier geschieht, so kann es durchaus ein Bild sein für unser ganzes Leben. Es geht in unserem Leben darum, dass wir das, was wir von Gott bekommen haben, auch leben, und zwar im Vertrauen leben. Dabei sollen wir durchaus ein Risiko eingehen. Wer sich auf einen Menschen einlässt, weiß nie, ob die Beziehung gelingt. Wer sich für eine Aufgabe einsetzt, hat nicht die Garantie, dass die Aufgabe zum Erfolg führt. Aber es geht darum, sein Leben aufs Spiel zu setzen. Das hat Jesus in seinem Tod am Kreuz getan. Da hat er sein Leben für uns hingegeben. Wer sein Geld nur vergräbt, weil er absolute Sicherheit will, der riskiert sein Leben zu wenig. Er möchte nicht kritisiert werden, wenn er etwas verliert. Doch wer nichts wagt, gewinnt auch nichts. Wer jedoch etwas wagt, geht immer auch das Risiko ein, dass er kritisiert wird. Als ich bei den Argentinienanleihen Geld verloren habe (Argentinien zahlte als einziger Staat der letzten hundert Jahre seine Anleihen nicht zurück), wussten alle Mitbrüder es besser: »Wie kann man nur so ein Risiko eingehen!« Dass ich vorher einiges Geld erwirtschaftet hatte, zählte nicht mehr. Ein Banker sagte mir zum Trost: »Der Sieg hat immer viele Väter. Die Niederlage nur einen.« Das ist das Risiko, das jeder, der Geld anlegt, eingeht: Wenn es schiefgeht, wissen alle es besser. Dann ist er allein schuld daran. Solange es gut geht, sonnen sich alle im Erfolg und rechnen sich den Erfolg selbst zu. Das ist auch ein Aspekt der inneren Freiheit im Umgang mit dem Geld. Zu dieser Freiheit möchte uns die Spiritualität führen.

Jesus will, dass wir das, was Gott uns an Gaben geschenkt hat, auch leben. Wir sollen unser Leben wagen. Das gilt für die Freundschaften, die wir eingehen. Durch Kontrollierenwollen zerstören wir jede Freundschaft. Das gilt für die Begabungen, die Gott uns geschenkt hat. Wer mit seiner Begabung nur angibt, anstatt sie für andere einzusetzen und für andere Verantwortung zu übernehmen, wird dem Auftrag Gottes nicht gerecht. Jede Gabe ist auch eine Aufgabe. Aber wer sich einsetzt und sein Leben und seine Kraft aufs Spiel setzt, der hat nie die Gewissheit, dass alles gelingt. Er muss mit dem Vertrauen leben, dass auch dann, wenn er sein Geld oder seine Kraft oder sein Leben verliert, sein Leben sinnvoll gewesen ist, weil er sich in den Dienst Gottes gestellt hat.

2.8 Zusammenfassung der biblischen Überlegungen

Die Bibel gibt uns keine klare Handlungsanweisung, wie wir unser Geld ethisch anlegen können. Aber sie zeigt uns, dass der Umgang mit dem Geld immer auch ein Symbol ist für unseren Umgang mit uns selbst und mit Gott. Am richtigen Umgang mit dem Geld zeigt es sich, ob wir am Geld hängen oder ob Gott in uns herrscht, ob wir im Reichtum aufgehen oder im Reich Gottes sind. Und insbesondere das Lukasevangelium zeigt uns die soziale Verpflichtung des Eigentums. Daher wurde Lukas der erste Befreiungstheologe genannt. Ihm ist es wichtig, dass die, die Geld erworben haben, gut damit umgehen, es für die Menschen nutzen und ihren Besitz mit den Armen teilen. Das hat Lukas uns dann am Beispiel der frühen Kirche konkret aufgezeigt. Die Gemeinde in Jerusalem war verarmt, weil sie die Gelder, die sie bekommen hatte, nicht gut angelegt hat. So war sie darauf angewiesen, dass andere Gemeinden sie unterstützten. Das haben diese auch großzügig getan. Die Urgemeinde, die offensichtlich wenig Erfahrung mit Geld hatte, hat sich auf die stützen können, die besser mit Geld umgehen konnten. So entstand ein Austausch in der Liebe.

Lukas schildert uns das Ideal der Gütergemeinschaft. Die frühen Christen hatten alles gemeinsam. »Sie verkauften Hab und Gut und gaben davon allen, jedem so viel, wie er nötig hatte.« (Apostelgeschichte 2,45) Der Verzicht auf Eigentum ermöglichte der frühen Kirche eine sehr offene und intime Gemeinschaft: »Die Gemeinde der Gläubigen war ein Herz und eine Seele. Keiner nannte etwas von dem, was er hatte, sein Eigentum, sondern sie hatten alles gemeinsam.« (Apostelgeschichte 4,32) Doch zugleich hat die Gemeinde erlebt, dass es auch in ihr Tendenzen gab, nicht den ganzen Besitz mit anderen zu teilen, sondern einen bestimmten Anteil für sich selbst zu behalten. Das Beispiel von Hananias und Saphira zeigt das. (Vgl. Apostelgeschichte 5,1–11)

Die frühen Mönche haben das Ideal der Urkirche in ihren Klöstern nachgeahmt. Aber auch Benedikt macht die Erfahrung, dass das Geld eine eigene Dynamik hat. Offensichtlich steckt im Geld die Sehnsucht, über sein Leben selbst bestimmen zu können, nicht abhängig zu sein von anderen, selbst genug für sich zu haben, ohne auf andere angewiesen zu sein. So war das Geld in der Geschichte der Klöster immer auch eine Frage der Spiritualität und eine Frage, wie weit die Gemeinschaft wirklich Gütergemeinschaft lebte oder ob jeder doch für sich genügend Freiraum in seinem Umgang mit Geld geschaffen hat, in den er niemandem Einblick gewährte. Klöster, die ihre Spiritualität vernachlässigten, sind auch wirtschaftlich verarmt. Natürlich gab es auch das andere Extrem. Wo das Geld zu wichtig wurde, da hat die Spiritualität gelitten. Daher ist es eine ständige spirituelle Herausforderung, wie ein Kloster wirtschaftet und wie es mit dem Geld umgeht. Dabei geht es natürlich nicht nur um das Anlegen des Geldes an der Börse, sondern um den gesamten Umgang mit Finanzen und Wirtschaft.

Benedikt hat ein eigenes Kapitel über den Umgang mit dem Geld geschrieben. Es ist das Kapitel über die Handwerker. (Vgl. RB 57) Dabei sieht er drei Gefahren. Die erste besteht darin, dass sich die Handwerker auf ihr berufliches Können und auf das Geld, das sie für das Kloster verdienen, etwas einbilden. Hier soll der Mönch Demut zeigen. Er soll sich den Dingen zuwenden und nicht über seine eigene Wichtigkeit nachdenken. Die zweite Gefahr besteht im Betrug. Benedikt erinnert an das Beispiel von Hananias und Saphira aus der Apostelgeschichte, die nur einen Teil aus dem Erlös des Grundstücksverkaufs den Aposteln brachten und den anderen Teil für sich behielten. Geld birgt immer die Versuchung, etwas für sich reservieren zu wollen, damit man Vorrechte anderen gegenüber hat, damit man sich mehr leisten kann als die anderen. Und offensichtlich steht das einbehaltene Geld für das Gefühl, auf diese Weise selbstständig zu sein und nicht völlig abhängig von der Gemeinschaft. Die dritte Gefahr besteht in der Habgier. Habgier kann sich sehr leicht in den Umgang mit Geld einschleichen. Man will immer mehr verdienen, zwar für das Kloster, aber letztlich stellt man sich selbst damit in den Mittelpunkt. Benedikt wehrt dieser Gefahr, indem er die Mönche auffordert, ihre Erzeugnisse billiger zu verkaufen als die Weltleute, also nicht die Preise zu erzielen, die möglich sind, sondern sich bewusst auf weniger zu beschränken. Auf diese Weise – so sagt Benedikt – wird deutlich, »dass in allem Gott verherrlicht werde« (RB 57,9).

Man könnte diese Aussage auch auf den Umgang mit dem Geld an der Börse beziehen. Dann bedeutet er: Wenn ich demütig mit dem Geld umgehe, nicht betrüge und nichts für mich reserviere, wenn ich nicht alles mache, was möglich ist, sondern bewusst etwas weniger verdiene, dann wird darin Gott verherrlicht. Das heißt aber auch, dass für Benedikt weder das Wirtschaften noch das Geld etwas Schmutziges ist. Es kommt darauf an, wie ich damit umgehe. Das wird auch in dem berühmten Satz deutlich, in dem Benedikt den Cellerar auffordert: »Alle Geräte und den ganzen Besitz des Klosters betrachte er als heiliges Altargerät.« (RB 31,10) Auch das Geld ist etwas, das dem Cellerar von Gott anvertraut ist. Mit ihm soll er genauso achtsam und sorgfältig umgehen wie mit heiligem Altargerät. Für Benedikt gibt es keine Trennung von profan und sakral. Wenn die Gesinnung gottgemäß ist, ist auch der Umgang mit den Dingen heilig.

Die 31 Jahre, die ich als Cellerar arbeite, haben mich gelehrt, dass der Umgang mit dem Geld und mit den Finanzen des Klosters mich immer wieder mit der eigenen Wahrheit konfrontiert: mit der Frage, ob auch für mich das Geld nicht eine zu große Faszination und Macht ausübt, ob ich innerlich frei bin in meinem Geldgebaren, ob ich mit dem Geld den Menschen diene oder doch mein Ego aufblähe. Ich muss mich fragen, ob ich das rechte Maß, von dem der heilige Benedikt in seiner Regel immer wieder schreibt, auch beim Geldanlegen wahre oder ob ich doch immer wieder mein eigenes Maß und das Maß des Vernünftigen überschreite. Keiner von uns wird von solchen Tendenzen der Maßlosigkeit, des Machtausübens mit Geld und der Faszination durch das Geld frei sein. Aber indem wir nicht vor dem Geld in eine heile Welt fliehen, sondern mit ihm umgehen, erkennen wir auch die tiefen Abgründe unserer Seele. In diese Abgründe hinein soll das Licht Jesu leuchten und die Wunden heilen. So ist der Umgang mit dem Geld für mich eine beständige spirituelle Herausforderung und ein spiritueller Übungsweg.

DER CHRISTLICHE GLAUBE UND DIE AUSEINANDERSETZUNG MIT GELD 3

Für viele gläubige Menschen, egal welcher Glaubensrichtung, ist es auch heute noch ein Gräuel, Zinsen für eine Geldanlage zu nehmen oder sich mit Zinsen für eine Geldleihe bezahlen zu lassen. Unabhängig davon, ob es katholische oder evangelische Christen oder Moslems sind, in meinem Leben als Banker sind mir immer wieder Kunden begegnet, die es aus Glaubensgründen ablehnten, Zinsen gutgeschrieben zu bekommen. Dabei nimmt die Ablehnung dieser Zinsen noch zu, je höher das Zinsversprechen ausfällt. Ist bei einer Geldanlage auf einem laufenden Konto ein sehr geringer Habenzinssatz vorhanden, wird dieser im Zweifel noch als Ausgleich der auf der anderen Seite entstehenden Kosten verstanden. Werden allerdings hohe Renditen im Rahmen einer Aktienanlage in Aussicht gestellt, dann ist der Widerwille gegen die Geldanlage groß.

Dabei ist diese Abneigung zum Teil historisch bedingt. Für die arbeitende Bevölkerung gab es einen Lohn nur für etwas, was man sich erarbeitet hatte: für ein Tagwerk oder das Erreichen eines bestimmten Erfolgs, wie das Mähen einer Wiese oder das Dreschen eines Fuders Heu. Den Lohn gab es also für eine gewisse Zeit der Arbeit. Ohne Arbeit keinen Lohn. Ein Mensch kann aber nicht pausenlos arbeiten. Er braucht Erholung, um seine Arbeitskraft wiederherzustellen, Zeit zum Essen, Trinken und Schlafen.

Anders aber das Geld und der Zins, den man darauf erhalten kann. Das Geld arbeitet rund um die Uhr, ohne Unterlass, auch die Zinsen gibt es für jeden Tag und das ganze Jahr. Geld arbeitet also quasi pausenlos, losgelöst von der Zeit. Für viele gläubige Menschen ist die Zeit aber etwas, was Gott gehört. Wenn das Geld aber ohne Unterlass arbeitet, dann stiehlt es Gott die Zeit.

3.1 Das kanonische Zinsverbot

Die Zusammenhänge um das kanonische Zinsrecht sind recht vielfältig und seine Auswirkungen sind bis heute zu spüren. Von daher muss das Verbot der Zinsnahme im Rahmen seiner historischen Entwicklung gesehen werden. Infolge der ständigen Auseinandersetzungen zwischen Juden und Christen kam es unter anderem dazu, dass Juden kaum Land erwerben durften, wenn sie sich nicht taufen ließen. Außerdem war es jüdischen Großgrundbesitzern verboten, christliche Sklaven zu beschäftigen. Gegenüber Landbesitzern ohne diese Beschränkungen waren die Juden nicht konkurrenzfähig und mussten aufgeben. Also verdingte man sich im Handel mit Waren. Im Laufe der Jahrhunderte wurden diese Rechte jedoch vielfach an die Städte abgetreten und es erfolgte die Spezialisierung auf den Handel mit Geld.

Die wirtschaftliche Situation im 12. und 13. Jahrhundert machte im Zuge der damaligen »Teilglobalisierung« des Handels einen regen Austausch von Geldmitteln erforderlich. Die starke Zunahme des Orienthandels war mit den althergebrachten Mitteln des Tausches nicht mehr zu bewältigen. Kapital war in den fremden Ländern und in den reichen Handelsstätten Italiens gebunden. Also ergab sich notwendigerweise auch die Frage nach einem finanziellen Ausgleich, nach Darlehen, Geldleihe und Zinsen. Christen war jedoch eigentlich die Zinsnahme verboten. Eine der wesentlichen Textstellen aus dem Alten Testament lautet: »Leihst du einem aus meinem Volk, einem Armen, der neben dir wohnt, Geld, dann sollst du dich gegen ihn nicht wie ein Wucherer benehmen. Ihr sollt von ihm keinen Wucherzins fordern.« (2. Buch Mose 22,24) Dennoch war Geldhandel inzwischen dringend notwendig geworden. Die Rechte für dieses Geschäft übertrug man den Juden. Ungeliebt und von vielen Beschäftigungen sowie vom Zutritt in die beruflichen Ständeorganisationen ausgeschlossen, hatte man nun eine Bevölkerungsgruppe gefunden, die diese Geldgeschäfte wahrnehmen konnte. Obwohl auch für die Juden, die sich ja ebenfalls auf die Ausführungen des Alten Testaments beriefen, die gleichen Regeln galten, hatte man hier einen Ausweg gefunden. Man bezog sich darauf, dass nur die verzinste Geldverleihe an »das eigene Volk« verboten sei.

Schon im Jahre 1179 wurde den Juden durch Papst Alexander III. das Recht zugestanden, dass sie gegen Zinsen Geld verleihen durften. Dieses Recht wurde im Jahre 1215 durch Innozenz III. ausdrücklich untermauert, als er das an die Christen gerichtete Zinsverbot erließ. Es war damals von einem Verbot der Zinsannahme die Rede, welches als das »kanonische

Zinsverbot« bekannt wurde. Ab diesem Zeitpunkt galt die Zinsnahme als Sünde und noch mehr als das. Sie war ein mit anderen Delikten vergleichbares Kapitalverbrechen.

Das kanonische Zinsverbot hat in der Folgezeit das gesellschaftliche Ansehen der Juden in Europa nicht gerade gefördert. Die Möglichkeit, Zinsen für die Hergabe von Geld zu verlangen, eröffnete zwar ein einträgliches Geschäft. Erfolgreich im Handel und in Gelddingen, waren die Juden sehr geschäftstüchtig und wurden aber auch immer wieder beneidet, vertrieben und verfolgt. Die Bedeutung des Geldhandels nahm in den folgenden Jahrhunderten für die Juden zwar ab, das kanonische Zinsverbot wurde jedoch erst zu Beginn des 20. Jahrhunderts gelockert. Umso erstaunlicher ist es, dass für viele Menschen immer noch eine Scheu besteht, Zinsen zu nehmen. Sie haben wohl offensichtlich den Eindruck, dass sie durch diese Zinsen anderen etwas wegnehmen. Sie möchten sich nicht bereichern, wenn andere sich dafür »entreichern« müssen.

Dabei sind Zinsen nur ein gewisser und zumeist nur kleinerer Teil für den Ausgleich an Inflation. Dass aber zum Beispiel die Kreditvergabe mit der selbstverständlichen Zahlung von Zinsen für viele Menschen auch ein grundlegendes Bedürfnis ist, wird durch einen anderen Zusammenhang deutlich:

Mikrofinanzkredite 3.2

Spätestens seit Muhammad Yunus für seine Initiative, arme Menschen in aller Welt durch die Vergabe von Kleinstkrediten zu unterstützen, im Jahre 2006 den Friedensnobelpreis erhielt, ist das Thema Mikrokredit-Vergabe in aller Munde. Die von ihm gegründete Grameen Bank (aus dem Bengalischen übersetzt bedeutet das etwa »dörfliche Bank«) möchte arme Menschen in die Lage versetzen, sich durch solch einen Kredit eine eigene Existenz aufzubauen. Dabei sind die Kreditsummen für westeuropäische Verhältnisse nicht hoch. Sie betragen nur 50,– oder 100,– Euro. Der entscheidende Punkt besteht aber darin, dass den Menschen keine Almosen gegeben werden. Sie bekommen das Geld nicht geschenkt. Sie müssen eine Geschäftsidee haben. Sie müssen sich überlegen, welche Produkte sie anbauen, welchen Handel sie betreiben oder welche Dienstleistung sie anbieten möchten. Und sie müssen sich überlegen, wie sie den Kredit wieder zurückzahlen, und vor allem auch, wie sie die Zinsen aufbringen möchten.

Gerade diese Zinsen sind sehr ambitioniert, denn die Grameen Bank nimmt bis zu 20 Prozent im Jahr. Auch wenn man bedenkt, dass die Kredite in relativ kurzen Zeiträumen wieder zurückbezahlt werden, so ist der Zinssatz sehr hoch. Er grenzt an Wucher. Doch europäische Maßstäbe sind hier eben unangebracht. Professionelle Zinsverleiher nehmen in den Entwicklungsländern häufig Zinssätze, die noch höher sind und sich vor allem nicht auf ein Jahr beziehen, sondern auf nur einen Monat! Vor diesem Hintergrund sind die Zinsen der Grameen Bank dann recht günstig.

Hilfe zur Selbsthilfe könnte man dieses Programm also nennen. In der Zwischenzeit haben sich eine ganze Reihe von Projekten und Möglichkeiten der Zusammenarbeit entwickelt. Selbst für Anleger gibt es schon Fonds, an denen sie sich beteiligen können, um die Arbeit der »Kleinstbanker« zu unterstützen. Bei manchen hat man allerdings den Eindruck, dass hier nur wieder ein gutes Geschäft gewittert wird.

Die Gewährung von Mikrofinanzkrediten ist jedoch enorm wichtig. Viele Menschen in den Entwicklungsländern werden dadurch zu Unternehmern. Sie stehen auf eigenen Beinen und die Kleinstkredite fördern das individuelle Engagement. Über 30 Millionen Menschen weltweit kommen in den Genuss der Kredite der über 10.000 Mikrofinanzinstitute. Doch der Bedarf der Menschen ist nach Meinung der UNO mindestens zwanzigmal höher. Aus heutiger Sicht also ein riesiger Markt. Bemerkenswert ist auch die Tatsache, dass 95 Prozent der Kreditnehmer der Grameen Bank Frauen sind.

Unterstützungswürdig ist hier meines Erachtens die Arbeit von Oikocredit, einer Organisation, die davon ausgeht, dass arme Menschen in der Lage sind, sich ein besseres Leben aufzubauen, wenn sie nur die Chance dazu erhalten. Dazu möchte man ihnen verhelfen, indem man an sie glaubt und ihnen Kredit gibt.

Tipp

Auch der Kapitalanleger kann mittlerweile an dieser Entwicklung teilhaben und das bemerkenswerte Engagement unterstützen: Zum einen natürlich durch eine Mitgliedschaft bei Oikocredit, die zurzeit 20,– Euro kostet. Ab einer Investition von 200,– Euro kann man dann die Arbeit unterstützen. Diese Einlage wird auch verzinst, allerdings abhängig vom Geschäftserfolg. Der guten Sache tut das aber keinen Abbruch. Zum anderen kann man aber auch durch den Kauf von Mikrokredit-Zertifikaten helfen, die von einigen Banken sehr erfolgreich aufgelegt wurden. Einfach folgende Suchbegriffe in die Suchmaschinen im Internet eingeben: »Mikrokredite und Zertifikate«. Darunter erscheinen sofort die wichtigen Artikel und Informationen. Schon ab 1.000,– Euro kann der Anleger in diesen Bereich investieren.

Der zehnte Teil 3.3

Das Abgeben eines Teils der Einkünfte eines Christen wurde an vielen Stellen in der Bibel erläutert, unter anderem im Matthäusevangelium (23,23). »Weh euch, ihr Schriftgelehrten und Pharisäer, ihr Heuchler! Ihr gebt den Zehnten von Minze, Dill und Kümmel und lasst das Wichtigste im Gesetz außer Acht: Gerechtigkeit, Barmherzigkeit und Treue. Man muss das eine tun, ohne das andere zu lassen.« Dieser Satz weist auf die zwingende Vereinbarkeit von Geschäft und christlichen Tugenden hin.

Viele Menschen glaubten und glauben jedoch, dass es keine Zwangsabgabe sei, die den Menschen abverlangt würde, sondern nur eine mehr oder weniger freiwillige Unterstützung armer Mitchristen oder Gemeinden. Mir ist es wichtig, diese Idee, die hinter der Abgabe eines Teils der Einkünfte steckt, auch im Rahmen der Erörterung zu ethischen Geldanlagen anzuführen.

Wenn jemand die Möglichkeit hat, sein Vermögen gewinnbringend anzulegen, warum sollte er dann nicht von diesem Kapital einen Teil abgeben und andere daran teilhaben lassen. Natürlich sind mir die Argumente wohlbekannt, die dagegen sprechen. Viele Menschen, die sich in Deutschland gegen die grundsätzliche Besteuerung von Kapitaleinkünften wehren, argumentieren, dass das Kapital ja schließlich aus versteuertem Vermögen komme. Außerdem sei man ja individuell mutig gewesen, habe auch finanziell etwas riskiert und habe nur deshalb so hohe Kapitaleinkünfte. Schließlich stellen diese Anleger fest, dass man auch niemanden an den Verlusten beteiligen könne. Diese müsse man schließlich selbst tragen.

Das ist alles richtig, aber ohne eigene Arbeit einen hohen Kapitalertrag zu erwirtschaften, an dem man dann niemanden beteiligen muss, ist ebenfalls nahezu unredlich. Die Einführung der Abgeltungssteuer in Österreich und ab 2009 auch in Deutschland wird dazu führen, dass von jedem Euro, der an Zinsen verdient wird, 25 Prozent an Steuern abgeführt werden. Dazu kommen dann noch (in Deutschland) der Solidaritätszuschlag und je nach Bundesland eine Kirchensteuer in Höhe von 8 oder 9 Prozent auf die Steuer, die ebenfalls direkt von den Banken an die Finanzämter abgeführt wird. Da ist er wieder, der fast zehnte Teil, der den Kirchen zugutekommt. Dabei bezieht er sich noch nicht einmal auf die Gesamtsumme der Einkünfte, sondern vielmehr »nur« auf den Betrag, der auch als Steuer an den Staat abgeführt werden soll.

Für die sehr vermögenden Kunden in Deutschland ist die Abgeltungssteuer durchaus von Vorteil. Aufgrund der im deutschen Steuerrecht geltenden Steuerprogression muss jeder zusätzlich verdiente Euro mit einem höheren Steuersatz versteuert werden. Die Kapitaleinkünfte erhöhen damit das zu versteuernde Einkommen und müssen oft letztendlich mit einem Steuersatz von 35, 40 oder noch höher versteuert werden. Die Einführung der Abgeltungssteuer führt bei diesem Personenkreis also zu einer Reduktion der Steuern, da diese ja mit 25 Prozent endgültig abgegolten sind. Der guten Ordnung halber sei angeführt, dass der Steuerpflichtige mit einem geringeren Satz als 25 Prozent sich die zu viel gezahlte Differenz im Rahmen der Steuererklärung wieder zurückholen kann. Belastet werden aber die Bürger, die sich bisher mit Aktienkäufen und -verkäufen nach Ablauf der Spekulationsfrist ein steuerfreies Zubrot mit möglichen Kursgewinnen verdienen konnten. Diese Chance besteht in Zukunft nicht mehr.

Übrigens hält sich der Staat selbst auch nicht gerade an die Vorgaben des zehnten Teils. In Deutschland werden nur rund 0,35 Prozent des Bruttoinlandsprodukts an Entwicklungshilfe gezahlt. Dabei soll dieser Etat bis 2010 auf 0,51 Prozent erhöht werden, was dem EU-Ziel entspricht. Damit gilt dies auch für Österreich. Die Schweiz hat sich dem ebenfalls angeschlossen. Wenn man aber bedenkt, dass zum Beispiel der Betrag zur Zinszahlung der Staatsschulden in Deutschland ein Vielfaches dieser Summe ist, dann ist das mehr als traurig.

Aktieninvestment für Christen 3.4

Wie ich schon zu Beginn dieses Kapitels im Rahmen der Darstellung des kanonischen Zinsverbots ausgeführt habe, hatten und haben viele Christen ein gewisses Problem mit der Zinserzielung ihrer Geldanlagen. Bedingt durch die Erziehung, durch die Art der Geldanlagen und durch die Erfahrung der Eltern und Großeltern gelten Aktienanlagen noch immer in vielen Bereichen als etwas, was man am besten nicht tun sollte. Mit zunehmendem Wohlstand nach dem Zweiten Weltkrieg zeigte sich, dass Aktionäre die Möglichkeit hatten, plötzlich viel Geld zu verdienen. Und vor allem, dass hier richtig große Vermögen aufgebaut und vererbt werden konnten.

Dabei gab es eine gewisse Scheu vor Investitionen, teils aus Angst vor Verlusten, teils aus allgemeiner Unkenntnis. So wird zum Beispiel die Zahl der Aktien- und Aktienfondsbesitzer in Deutschland seit Jahren geringer. Nach dem Höhepunkt im Jahre 2001 mit rund 12,8 Millionen Menschen sinkt sie zusehends auf 10,5 Millionen bis zum ersten Halbjahr 2007.

Direkte und indirekte Aktionäre im Jahre 2007 in Tausend (Quelle: Deutsches Aktieninstitut, Stand 1. Halbjahr 2007.)

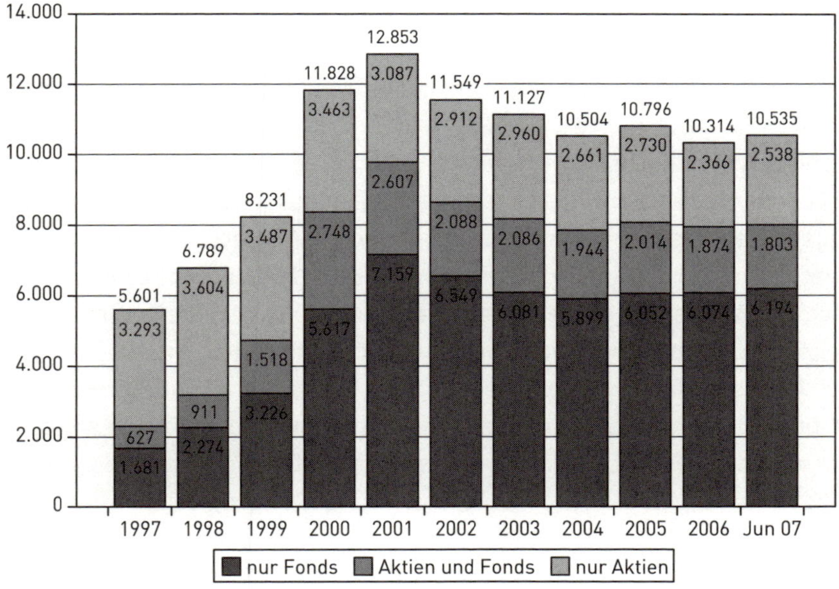

Im Jahre 1996 haben die Werbekampagnen eines sehr großen deutschen Telekommunikationsanbieters zunächst zu einer starken Nachfrage nach Aktien geführt. Als dann aber nicht nur dieser Markt, sondern auch der völlig übertriebene sogenannte Neue Markt in Deutschland und den Nachbarländern zusammenbrach, wandten sich die Aktionäre scharenweise von diesem Segment ab. Das war nach den riesigen Verlusten und den zum Teil betrügerischen Vorgängen mehr als verständlich.

In Österreich und der Schweiz sowie in den angelsächsischen Ländern war man deutlich vorsichtiger. Auch hier gab es die Übertreibungen der Neuen Märkte, jedoch waren die Anleger angesichts langjähriger Erfahrungen in der Aktien- und Aktienfondsanlage weniger euphorisch und »blieben mit ihren Beinen und Visionen auf der Erde«. Der Anteil der Aktionäre liegt insgesamt deutlich höher als in Deutschland. Das liegt vor allem daran, dass die Menschen hier individueller für ihr Alter vorsorgen müssen und deshalb auf eine höhere Rendite angewiesen sind.

Die Vorteile eines Aktieninvestments im Allgemeinen werden an anderer Stelle dieses Buches näher erörtert. Grundsätzlich halte ich es für angebracht, dass sich gerade Christen am Aktienmarkt engagieren, und zwar so entscheidend, dass sie auch Einfluss nehmen. Sie sollten keine passiven Aktionäre sein, sondern zumindest versuchen, auf die Entscheidungen der Unternehmen einzuwirken. Die Aktionäre sind die Eigentümer und selbst der noch so gut bezahlte Vorstandschef ist auch nur ein Angestellter. »Eigentum verpflichtet« – das gilt auch und gerade für den verantwortungsvollen Aktienbesitzer.

Soweit man einem Unternehmen Geld zur Verfügung stellt, kann man direkt oder indirekt auf das Unternehmen Einfluss nehmen. Nur wenn genügend Kapitalgeber vorhanden sind, wird die Firma auch Geld haben, um Investitionen vorzunehmen, Maschinen anzuschaffen und nicht zuletzt auch Arbeitsplätze bereitzustellen. Dabei kann der Christ natürlich entscheiden, welchem Unternehmen er das Geld zur Verfügung stellen möchte! Er kann sich für einen Automobilproduzenten entscheiden, für einen Pharma- oder Technologiekonzern oder für eine Firma, die Sonnenkollektoren herstellt. Es gibt aber auch Firmen, die beispielsweise spezielles Saatgut für die Sahel-Zone entwickeln oder Meerwasserentsalzungsanlagen, Windkraftanlagen errichten oder Recyclingbetriebe einrichten. Ich kann als Christ direkt gestalten, im Kleinen wie im Großen: auf der einen Seite durch ein Leben in tätiger Nächstenliebe, das durch eine Arbeit in der Gemeinschaft geprägt ist. Auf der anderen Seite aber auch, indem ich der Frage, wie das Kapital, welches der Mensch für die Altersvorsorge benötigt, sinnvoll arbeiten kann, einen hohen Wert beimesse.

Der Anleger sollte nicht gegen jene Projekte arbeiten, welche er als ehrenamtlicher Helfer im Dritte-Welt-Laden oder in der Afrika-Initiative versucht mit aufzubauen. Was hätte das für einen Sinn, wenn man am Wochenende versucht, seinen Anteil an einer besseren, der »einen« Welt zu leisten, und am nächsten Börsentag versucht, mit allen (rücksichtslosen) Mitteln den individuellen Gewinn zu maximieren.

Eine bessere Welt ohne Zinsen? 3.5

Dabei möchte ich auch an dieser Stelle nicht verschweigen, dass es eine ganze Reihe von Initiativen gibt, die überhaupt in der Zinszahlung den Grund allen Übels in der Welt sehen. Nur im Anspruch der Gewinnmaximierung, der Kreditzinsen, der Überschuldung der Menschen und ganzer Volkswirtschaften lägen die Wurzeln aller Weltprobleme. Zusätzlich wird eine Verbindung zwischen Zinsen und Inflation hergestellt und dann folgende Schlussfolgerung gezogen: Ohne Zinsen keine Inflation und ohne Inflation keine Wirtschaftskrise, ohne Wirtschaftskrise keine Arbeitslosigkeit und keine Verelendung der Massen.

Die Lehren einer zinslosen Welt gehen unter anderem zurück auf Johann S. Gesell, der von 1862 bis 1930 lebte. In der von ihm begründeten Freiwirtschaftslehre versuchte er, geprägt von seinen mehrjährigen Aufenthalten in Argentinien, eine Theorie zu entwickeln, um eine gerechtere Welt zu schaffen. Er vertrat die Ansicht, dass die Erde allen Menschen gleichermaßen gehöre, ohne Unterschied von Rasse, Stand, Vermögen und Religion. Auch die Leistungsfähigkeit des Einzelnen sei unbedeutend, Landesgrenzen ebenso. Aus heutiger Sicht würde man Gesell als sozialen Visionär bezeichnen.

Mit seinen Theorien zum sogenannten staatlich kontrollierten Freigeld wollte er verhindern, dass gehortetes Geld für den Kreditgeber besonders wertvoll würde und er bei dessen »Leihe«, also der Kreditvergabe an einen anderen, einen höheren Zins erzielen könnte. Wenn mit Hilfe des Freigeldes aber jeder über so viele Mittel verfügen könnte, wie er benötigt, wäre der Vorteil für den Kreditgeber gering oder überhaupt nicht gegeben. Der Zins würde gegen null gehen. Gesell erkannte richtigerweise, dass eine gleichmäßige Umlaufgeschwindigkeit des Geldes ein Garant für eine krisenfreie Wirtschaft sein würde. Er sah diese gleichmäßige Umlaufgeschwindigkeit aber dadurch gestört, dass Geld nicht nur als Tausch-, sondern auch als Hortungsmittel diente. Dies vor allem deshalb, weil es noch eine Golddeckung gab, die er abzuschaffen empfahl. Dies sah man Jahre später völlig anders, als man mit dem System von Bretton Woods die Golddeckung erst einführte. Mittlerweile hat man aber überall eingesehen, dass sich diese Vorgehensweise nicht durchhalten ließ. Insoweit hat sich seine Theorie durchgesetzt, wenn auch erst lange nach seinem Tod.

Die Theorien des Autodidakten Gesell sind nicht nur deshalb bemerkenswert. Aber man sollte sie nicht kritiklos übernehmen, vor allem wenn es um die Frage geht, dem Staat oder einer staatlichen Institution die Lenkung des Geldumlaufs anzuvertrauen. Trotz aller Versuche, ist es den staatlichen Banken in der Vergangenheit kaum gelungen, die Marktgesetze soweit außer Kraft zu setzen und die negativen Auswirkungen sowie die starken Schwankungsbreiten der Umlaufgeschwindigkeit des Geldes zu verhindern. Das liegt auch daran, dass die Wirkungszusammenhänge sehr vielschichtig sind. Es gibt nicht nur eine Ursache und eine Auswirkung. Wenn man an einer Stellschraube dreht, dann bewegen sich eine ganze Reihe von Zahnrädern und zeigen Auswirkungen an vielen unterschiedlichen Stellen. Ein typisches Beispiel konnte man im Frühjahr 2008 in Europa beobachten. Die Zentralbanken hatten im Rahmen der Finanzkrise viele hundert Milliarden Euro in den Markt gepumpt. Sie retteten so die Zahlungs- und Kreditfähigkeit der Banken. Diese ist unerlässlich für den guten Ruf und die Reputation der Unternehmen. Doch diesem enormen Geldfluss stand kein adäquater Gegenwert an Gütern und Dienstleistungen gegenüber. Die Folge war klar: Die Inflation kehrte zurück und die Zinsen stiegen (siehe Fisher'sche Verkehrsgleichung). Zwar setzten diese Folgen erst mit einiger Verzögerung ein, doch sie waren unübersehbar. Das ist ein typisches Beispiel dafür, dass die Wirkungszusammenhänge eben nicht leicht zu kontrollieren sind. Das setzt der Einflussmöglichkeit einer staatlichen Organisation enge Grenzen.

Ein Name, der ebenfalls immer wieder bei dem Thema einer besseren Welt ohne Zinsen fällt, ist Margrit Kennedy. Die in Chemnitz im Jahre 1939 geborene Architektin, Ökologin und Schriftstellerin widmet sich in ihren Büchern vor allem der Möglichkeit, regionale Komplementärwährungen aufzubauen. Das kann dann nur heißen: Zurück zur alten Tauschwirtschaft. Hier soll das Geld seine Funktion als Zahlungsmittel verlieren. Die Teilnehmer am regionalen Markt sollen vielmehr ihre individuellen Fähigkeiten einbringen und damit untereinander davon profitieren. So würden wir aber wieder in die Zeiten des Tauschhandels mit allen Problemen zurückfallen. In einem regionalen Bereich kann das durchaus funktionieren und ist zum Teil ja auch schon sehr erfolgreich verwirklicht worden. Die Durchsetzung dieser Ideen auf internationaler Basis halte ich jedoch für nicht möglich. Dafür sind die Interessen der Marktteilnehmer zu vielschichtig.

Aus dem Verschuldungsproblem in den großen Volkswirtschaften und den krassen gesellschaftlichen Ungleichgewichten in den Entwicklungsländern ergibt sich die soziale Notwendigkeit, eine andere und bessere Form der Wirtschaft zu entwickeln. Aufgrund der Tatsache, dass wenigen Reichen fast alles gehört, werden zukünftige Kriege entstehen und ein starkes soziales Ungleichgewicht wird zu immer größeren Konflikten führen.

Als Christ mache ich mir Gedanken über das fehlende soziale Gleichgewicht auf dieser Welt; als Vater Gedanken darüber, wie meine Kinder und deren Kinder überhaupt jemals die Schulden des Staates wieder zurückzahlen können. Als Ökonom stelle ich Überlegungen darüber an, wie wir in Zukunft wirtschaften sollen, um eine gerechtere Welt herbeizuführen, und als rational denkender Mensch darüber, wie wir die bisherigen Fehler korrigieren können.

Die Wirtschaftmodelle von Gesell und Kennedy mögen von ihrem theoretischen Ansatz her funktionieren, aber in welcher Art und Weise soll denn ein wie auch immer gestaltetes Korrektiv in der Praxis greifen? Wie sollen wir die bisherigen Fehlentwicklungen beseitigen? Es geht leider nicht so einfach wie in einem überdimensionalen Monopoly-Spiel, bei dem man die Ereigniskarte zieht und auf null zurückgehen kann, um noch einmal von vorne zu beginnen. Zudem unterscheiden sich die Menschen auch zu sehr in ihrem Denken und ihrer Handlungsweise. Es gibt solche, die üben Verzicht und sparen, legen Geld zurück und sind eher vorsichtig. Andere leben nur im Heute und Jetzt und verjubeln alles, was man ihnen in die Hand gibt.

Das was mich an den Theorien zweifeln lässt, sind folgende Überlegungen. Der Mensch als zumeist vorteilsbewusstes Wesen wird sein Geld nur dann verleihen, wenn er einen Vorteil darin sieht, also einen Zins erhält. Sind die Zinsen aber sehr niedrig, wird er auch sein Geld nicht verleihen, sondern versuchen, Güter so schnell wie möglich zu erwerben. Dadurch steigt aber die Inflation, was bei einem staatlichen Eingriff dazu führen müsste, dass man das Geld zusätzlich verknappt. Ein knappes Gut wird aber teurer und die Zinsen müssten steigen. Da die Zinsen im System von Gesell aber gegen null gehen, müsste der Staat sofort wieder Freigeld in das System pumpen, um den Vorteil für die Kreditgeber zunichte zu machen.

Das allein erscheint mir schon sehr fraglich. Ich befürchte, dass keine Institution der Welt so schnell reagieren kann, um die Auswüchse des Marktes zu regulieren. Auf der anderen Seite werden sich die Menschen sehr schnell eine Ersatzwährung suchen, da sie dem Geld nicht mehr trauen und irgendwann niemand mehr Güter dafür bereitstellen möchte.

Zudem möchte ich mögliche unterschiedliche Verhaltensweisen des Menschen, die in jedem gesellschaftlichen System eine wichtige Rolle spielen, zu bedenken geben und an dem folgenden – zugegebenermaßen sehr fiktiven – Beispiel erläutern. Angenommen, alle Menschen sind gleich und haben kein Vermögen mehr. Sie sind nackt und haben sonst nichts. Auf der anderen Seite gibt es aber eine unbegrenzte Zahl an Gütern. Für Geld gibt es alles zu kaufen, was man möchte. Jedes Gut und jede Dienstleistung hat seinen Preis. Es ist fast wie im Schlaraffenland. Da aber alle Menschen gleich sind und gleich viel haben sollen, werden nun an jeden 1.000,– Geldeinheiten ausbezahlt, zur freien Verfügung, für jedes Gut, was man haben möchte. Es gibt natürlich Güter, die teurer sind, und solche, die preiswerter sind. Auch solche, die mehr kosten als 1.000,– Geldeinheiten, und solche, die weit weniger kosten. Es bleibt also jedem Individuum überlassen, mit dem Geld zu tun oder zu lassen was er möchte. Ich vermute sehr stark, dass es nach ein paar Tagen viele Menschen geben wird, die kein Geld mehr haben, weil sie alles ausgegeben haben für Essen, Trinken, gute Kleidung oder andere Dinge. Und vielleicht würde es auch schon manche geben, die den ersten Vollrausch bereits hinter sich haben und das Geld im wahrsten Sinne des Wortes verjubelt haben.

Dagegen wird es andere geben, die sich bescheiden verhalten haben. Sie laufen immer noch nackt durch die Gegend oder sind nur notdürftig bekleidet. Dafür haben sie aber immer noch Geld übrig oder haben es anderen verliehen, die mehr Geld brauchten, als sie zunächst zur Verfügung hatten. Das tun sie aber nur dann, wenn man ihnen dafür einen irgendwie gestalteten Vorteil gewährt. Selbst wenn es keinen Zins gibt, werden sie es sich vergüten lassen, egal in welcher Form: So vielleicht durch andere Güter oder eine Dienstleistung.

Nach einigen Wochen wird es also ein paar Menschen geben, die deutlich mehr Geld haben als andere, und die große Masse wird kein Geld mehr haben. Und es wird auch eine ganze Reihe von Personen geben, die Schulden bei anderen haben. Entweder müssen sie diese durch Arbeitsleistung zurückzahlen oder selbst etwas produzieren, was sie dann an die anderen abgeben.

Schon nach relativ kurzer Zeit haben wir also wieder die Situation eines sozialen Ungleichgewichts. Wie wird das dann korrigiert? Wer greift ein und nimmt denjenigen, die sich bescheiden gezeigt haben, das größere Vermögen weg und erlässt den anderen die Schulden?

Bei marktwirtschaftlichen Theorien, egal welcher Richtung, wird ein ganz entscheidender Faktor häufig außer Acht gelassen: der Faktor Mensch. Der Mensch ist eben nicht immer ein homo oeconomicus, der ausschließlich rational handeln. Er trifft seine Entscheidung nicht allein auf der Basis der ihm vorliegenden Informationen und möchte nicht nur seinen persönlichen Nutzen maximieren. Dies stellen aus logischer Perspektive »fehlerhafte« Ergebnisse in der Wirtschaftsentwicklung immer wieder unter Beweis. Es gibt neben den rationalen Faktoren viele psychologische Einflüsse und vielen Menschen ist ihr »Bauchgefühl« mindestens ebenso wichtig wie rationale Argumente. Deshalb tun Menschen auch Dinge, die nicht immer (sofort) nachvollziehbar sind.

In der freien Marktwirtschaft kann jeder – egal, ob rational oder aus dem Bauch heraus – seine Entscheidungen treffen und nach seinen eigenen Vorstellungen »glücklich werden«. Diesen Freiraum haben wir. Gleichwohl ist auch Kritik an den existierenden Zuständen berechtigt. In einer rein auf den Kräften des Marktes basierenden Wirtschaftsform gibt es oft wenige Gewinner, aber unter Umständen viele Verlierer. Besonders wird hier der Zinseszinseffekt kritisiert, da die erhaltenen Zinsen sich ihrerseits wieder verzinsen. So kann sich zwar auf der einen Seite das angelegte Kapital vervielfachen, auf der anderen Seite aber ergeben sich in einer Art »Teufelskreis« immer höhere Schuldenberge.

Der Zinseszinseffekt 3.6

Geld arbeitet also Tag und Nacht, ohne dass der Kapitalbesitzer etwas dazu beiträgt, ohne dass er einen Finger krumm macht. Wie sich der Zinseszins auswirkt, kann man an einigen Beispielen sehr gut belegen. Angenommen, wir hätten bei Jesu Geburt einen Pfennig oder Cent, also die kleinste Geldeinheit, angelegt und uns wäre dabei zugesichert worden, dass wir über die komplette Laufzeit einen Zinssatz von 2 Prozent pro Jahr erhalten würden, egal, wie lange die Geldanlage läuft. Zu Beginn der Verzinsung ist das eine relativ langweilige Sache. Es dauert über 230 Jahre, bis aus dem mickrigen Pfennig eine ganze Geldeinheit geworden ist. Das ist aber immerhin auch das Hundertfache der ursprünglichen Geldanlage. Nach weiteren gut 270 Jahren, das Geld haben wir also 500 Jahre angelegt, sind daraus immerhin schon fast 196 Geldeinheiten geworden. Jetzt geht es allerdings Schlag auf Schlag. Nach weiteren 500 Jahren, wir haben gerade den ersten Jahrtausendwechsel hinter uns, liegen schon 3,9 Millionen Geldeinheiten auf dem Konto. Die Milliardengrenze überschreiten wir im Jahre 1280, die Billionengrenze im Jahre 1628. Die Billiardengrenze im Jahre 1977. Eine unvorstellbare Zahl, eine Eins mit fünfzehn Nullen. Insgesamt wäre im Jahre 2008 die gigantische Summe von 1,8 Billiarden Geldeinheiten dabei herausgekommen. Wir könnten viele Schulden dieser Welt locker begleichen. Nun aber die entscheidende Schlussfolgerung: Wäre der Zinssatz nur halb so groß gewesen, also 1 Prozent pro Jahr, dann wäre das Ergebnis nicht etwa nur halb so groß, sondern im Vergleich dazu wären dabei »nur« 4,75 Millionen Geldeinheiten herausgekommen. Das ist die Auswirkung des Zinseszinses. Für viele Menschen hat das auch eine abschreckende Wirkung und ich habe schon Anleger gehört, die diese Berechnung den Judaszins genannt haben.

Beispiel für den Zinseszinseffekt

	Anlage von 0,01 Geldeinheiten	
	Jährliche Verzinsung von 1 Prozent	Jährliche Verzinsung von 2 Prozent
Jahr 0	0,01	0,01
Jahr 500	1,45	199,57
Jahr 1000	209,59	3.982.646,52
Jahr 1500	30.343,15	79.479.960.550,23
Jahr 1750	356.093,52	11.227.952.931.179,90
Jahr 1900	1.624.090,35	218.940.622.041.915,00
Jahr 2008	4.756.840,13	1.858.424.396.038.560,00

Natürlich kann man als Anleger diesen Effekt in normalen Zeitabständen aber auch nutzen. Dazu zwei weitere Beispiele. Angenommen, als junge Anlegerin haben Sie vor 35 Jahren begonnen, den Gegenwert von 100,– Euro monatlich in einem Aktienfonds anzulegen. Sie haben also insgesamt 42.000,– Euro eingezahlt. Dieser hat sich recht gut entwickelt und eine durchschnittliche jährliche Rendite von 12 Prozent erarbeitet. Was glauben Sie denn, was aus dieser Anlage geworden ist? Hat sich die Anlage verdoppelt oder sogar verdreifacht? Weit gefehlt, es ist eine ganze Menge mehr. Im Ergebnis kommen fast unglaubliche 595.000,– Euro zusammen.

Eine andere Annahme: Sie haben vor 20 Jahren geerbt und konnten den Gegenwert von 100.000,– Euro auf einmal in denselben Fonds anlegen. Weil es auch schön ist, sich etwas extra zu leisten, haben Sie jeden Monat regelmäßig 500,– Euro aus dem Kapital herausgenommen. Auch hier unterstellen wir einmal eine Rendite von 12 Prozent pro Jahr. Wie viel ist nach 20 Jahren wohl noch von dem Geld übrig? Vergessen Sie nicht, Sie haben schon 120.000,– Euro aus dem Kapital herausgenommen, also mehr, als ursprünglich angelegt wurde. Wie viel ist also übrig? 20.000,– Euro, vielleicht sogar 30.000,– Euro? Im Ergebnis sind das sage und schreibe über 333.000,– Euro.

Wohlgemerkt, das sind natürlich nur Beispiele und die Zahlen beziehen sich auf die Vergangenheit, können also nicht für die Zukunft unterstellt werden. Dennoch sind es keine fiktiven Annahmen. Die Ergebnisse lassen sich empirisch an den erzielten Daten des Fonds ableiten. Wenn ein Anleger damals so verfahren wäre, könnte er heute über das genannte Vermögen verfügen. Man sieht hier, dass diese Sparformen gerade für junge Menschen oder Kinder von entscheidender Bedeutung sind. Und auch für das eigene Alter kann man nicht besser vorsorgen. Zugegebenermaßen sind diese Beispiele nur theoretischer Natur. Die vergangene Entwicklung kann nicht einfach auf die nächsten Jahre übertragen werden. Es gibt aber auch wichtige Faktoren für eine Geldanlage, die nicht von Theorien abhängig sind, sondern eindeutig auf Fakten beruhen.

DIE GRUNDPRINZIPIEN DER GELDANLAGE 4

Im folgenden Kapitel sollen Grundlagen der allgemeinen Geldanlage dargestellt werden. Es sind Gedanken, die sich jeder Geldanleger vor dem Beratungsgespräch machen sollte. Damit erspart man sich und seiner Bank eine Menge Zeit und am Ende auch Enttäuschungen und Ärger.

Das magische Dreieck 4.1

Im Wesentlichen gibt es nur drei Parameter, die die Anlageentscheidung des Anlegers beeinflussen, wenn man die später zu behandelnden ethischen Grundsätze einmal außer Acht lässt. Es sind dies die Rendite, die Sicherheit und die Liquidität einer Anlage. Diese drei Bedingungen werden im sogenannten magischen Dreieck der Geldanlage zusammengefasst. Es ist die Grundlage eines Beratungsgesprächs und sollte in keiner Beratung fehlen:

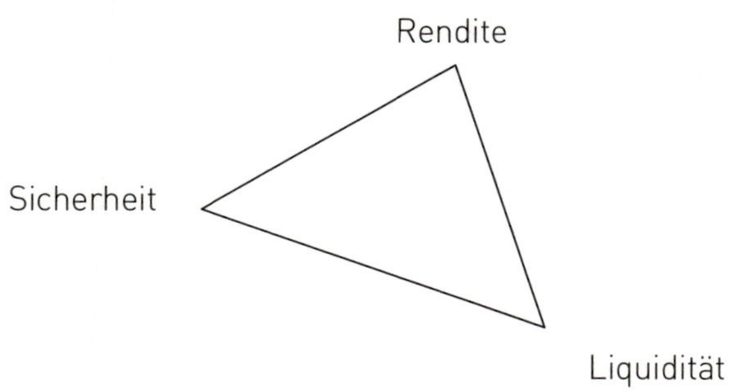

Sie als Kunde müssen sich darüber klar werden, was Sie wirklich wollen. Dabei gilt es zu beachten, dass diese drei Bereiche sich zum Teil gegenseitig ausschließen. Es sind Ziele, die nicht gemeinsam und in der gleichen Intensität verwirklicht werden können. Die Rendite gibt dabei an, wie viel am Ende der Anlagedauer für den Kunden wirklich herauskommt. Eine hohe Rendite wird niemand nur dann erzielen, wenn das Risiko gering ist. Im Gegenteil: Eine höhere Rendite ist in aller Regel das Ergebnis eines höheren Risikos, welches der Anleger einzugehen bereit ist.

Beispiel

Gehen wir einmal von zwei unterschiedlichen Anlagen aus, die wir miteinander vergleichen möchten:

1. Anleihe der Bundesrepublik Deutschland, Laufzeit 4 Jahre, Nominalzins 3,5 Prozent p. a., Kurs 98,0, Rendite zirka 3,9 Prozent

2. Anleihe der Ukraine, Laufzeit 4 Jahre, Nominalzins 5,0 Prozent p. a., Kurs 96,0, Rendite zirka 6,0 Prozent

Wenn der Kunde eine Anleihe der Bundesrepublik Deutschland erwirbt, dem Staat also ein bisschen Geld leiht, dann wird die Rendite in aller Regel niedriger sein als bei einer Anleihe der Ukraine oder Weißrusslands. Der Markt schätzt einfach die Chance, dass die Zinszahlungen dort auch wirklich vollzogen werden, geringer ein, als im Falle der Bundesrepublik. Das beinhaltet auch das Risiko, dass der Anleger beim Fälligkeitstermin überhaupt sein Geld zurückerhält. Diese geringere Chance wird mit einer Art Risikoprämie vergütet, dem Kunden wird also der Kauf der risikoreicheren Geldanlage schmackhaft gemacht. Demnach ist aber die Sicherheit bei der zweiten Anleihe geringer als bei der ersten. Außerdem wird der Kunde im Zweifel nicht so schnell an sein Geld kommen. Die Liquidität, also die schnelle Verfügbarkeit des Geldes, wird nicht in jedem Fall erfüllbar sein. Wenn der Kunde die Anleihe verkaufen möchte, findet er vielleicht keinen Käufer oder aber er muss mit dem Preis schnell heruntergehen.

In aller Regel ist es so, dass die Gelder, die auf den sogenannten Kontokorrentkonten (besser bekannt unter Girokonto) liegen, nicht verzinst werden. Auch wenn in den letzten Jahren die Tagesgeldkonten immer beliebter geworden sind, ist die Verzinsung hier in aller Regel nicht so gut wie auf anderen Konten, wie zum Beispiel einem Festgeldkonto mit bestimmten Laufzeiten oder besonderen Sparformen. Auch die einstigen Marktführer der Banken in Europa in diesem Bereich sind, was die Höhe der Verzinsung angeht, eher wieder in das Mittelmaß zurückgefallen. Derzeit bekommt der Kunde nur bei Sonderaktionen der Banken einen passablen Zinssatz.

Zusammenfassend lässt sich sagen: Wer eine hohe Rendite erhält, ist in aller Regel recht weit weg von der Sicherheit einer Anlage. Zudem kann dann auch nicht von einer sofortigen Verfügbarkeit ausgegangen werden. Aber auch wer das Geld sehr sicher anlegt, wird vielleicht nicht immer sofort wieder an das Geld kommen. Vielleicht ist die Laufzeit festgelegt oder selbst für eine sehr sichere festverzinsliche Anleihe findet man nicht sofort einen adäquaten Abnehmer, der auch einen guten Preis bezahlt. Der versprochene Zins oder die Rendite wird zudem eher geringer ausfallen. Das gleiche Phänomen trifft denjenigen, der sofort wieder an sein Geld möchte. Die Rendite wird geringer sein, er wird aber je nach Bank relativ sicher sein können, dass das Guthaben erhalten bleibt und er auch seine Zinsen bekommt.

Tipp

Achten Sie darauf, dass Ihre Bank Mitglied in einem Einlagensicherungsfonds ist. Die gesetzliche Regelung für die Absicherung der Einlagen wie Festgelder, Sparguthaben oder Guthaben auf laufenden Konten beträgt nur 20.000,– Euro. Für viele Anleger könnte es deshalb im Falle einer Zahlungsunfähigkeit der Bank eine böse Überraschung geben. Die Volks- und Raiffeisenbanken sowie Sparkassen sind zumeist Mitglied in Sicherungsfonds der jeweiligen Verbände. Hier kann der Kunde ziemlich sicher sein, auch wieder an seine Spargroschen zu gelangen. Die Privatbanken sind häufig Mitglied im Einlagensicherungsfonds deutscher Banken, sie müssen es aber nicht sein. Hier berechnet sich die Haftung der Bank nach der Höhe des haftenden Eigenkapitals. Beispiel: Haftendes Eigenkapital 10 Millionen Euro, davon 30 Prozent sind 3 Millionen Euro Haftung, und zwar pro Kunde!

4.2 Die Komplexität des Risikos

Die Frage des Risikos und der Risikobereitschaft ist keine allgemeine, sondern eine höchst individuelle Frage. Risiko bedeutet ein Wagnis, eine Gefahr und beschreibt die Verlustmöglichkeit bei einer unsicheren Unternehmung. Die Verlustmöglichkeit kann dabei alles Mögliche sein: Zeit, Geld, Gesundheit oder sogar das Leben. Die Bereitschaft, ein Risiko einzugehen, ist bei den Menschen höchst unterschiedlich ausgeprägt. Eine meiner ältesten Kundinnen und zudem eine meiner wohlhabendsten hatte fast ihr ganzes Vermögen in Aktien angelegt. Ihr Mann hatte schon in den sechziger Jahren jede Mark in den Aktienmarkt investiert. Dadurch hatte sich mit der Zeit ein beträchtliches Vermögen angesammelt und die Dame konnte vortrefflich allein von den Dividenden leben. Ein Risiko bestand für sie nicht, selbst Kursschwankungen haben sie nicht aus der Ruhe gebracht.

Andere Menschen hingegen werden schon nervös, wenn Sie nur Nachrichten hören, dass wieder irgendwo auf der Welt etwas passiert ist, was die Kurse beeinflussen könnte. Jeden Tag passieren aber Tausende Dinge, die die Kurse beeinflussen können. Die Frage ist nur, ob man alles erfährt. Ein Risiko sollte man jedoch nur mit Geld eingehen, welches man übrig hat und im Zweifel auch erübrigen könnte. Wenn man nachts nicht mehr ruhig schlafen kann, weil die Aktienkurse Achterbahn fahren, dann stimmt etwas in der Grundkonzeption der Geldanlage nicht.

Viele Menschen spielen Lotto oder nehmen an sonstigen kostenpflichtigen Gewinnspielen teil, obwohl sie ziemlich genau wissen, dass sie nichts gewinnen werden. In Deutschland ist die Wahrscheinlichkeit, vom Blitz getroffen zu werden, um ein Vielfaches höher als die Möglichkeit, einen Sechser im Lotto zu haben.

Vor dem Gespräch mit dem Berater bei einer Bank oder einem Finanzdienstleister sollte man sich darüber klar werden, welches Risiko man bereit ist einzugehen. Eine positive Bewertung eines Fonds durch den Nachbarn muss nicht zwangsläufig bedeuten, dass diese Anlage auch für einen selbst geeignet ist. Genauso wie der Nachbar anders eingerichtet ist, einen anderen Beruf hat, eine andere Musik hört oder einen anderen Lieblingsurlaubsort hat, so hat er vielleicht auch Vorlieben für bestimmte Geldanlagen und ist damit zufrieden und glücklich.

Sie persönlich macht diese Geldanlage vielleicht überhaupt nicht glücklich: Sie verstehen sie nicht, sind nicht einverstanden mit den Kursschwankungen oder das Risiko ist Ihnen einfach zu hoch. Denn die Bereitschaft, ein bestimmtes Risiko einzugehen, ist immer eine individuelle Frage, bei der man sich nicht von anderen verleiten lassen sollte. Bewahren Sie sich auf jeden Fall Ihre eigene Meinung und die eigene Vorgehensweise. Lassen Sie sich vor allem auch nicht von irgendwelchen tollen Renditen hinters Licht führen, denn wie schon erwähnt: Eine höhere Rendite geht bei unterschiedlichen Anlageklassen immer mit einem höheren Risiko einher.

Tipp

Hören Sie vor allem nicht auf die Geschichten über die Erfolge in Aktien, die bei Stammtischen erzählt werden. Die Gewinne werden ähnlich wie im Anglerlatein bezüglich der Größe der Fische gerne nach oben angepasst, die Verluste hingegen auch schon mal verschwiegen.

Was bedeutet Sicherheit? 4.3

Im schon erläuterten magischen Dreieck der Geldanlage spielt auch der Begriff der Sicherheit eine gewisse Rolle. Natürlich möchte jeder Mensch möglichst sicher sein, dass eine bestimmte Entwicklung eintritt oder eben nicht eintritt. Wirklich sicher ist also dann etwas, wenn die absolute (hundertprozentige) Wahrscheinlichkeit des Zutreffens einer Aussage oder des Eintretens eines Ereignisses festgestellt werden kann. Für viele Menschen ist Sicherheit etwas sehr Wichtiges. Das ist verständlich und im Ansatz auch richtig. Sobald die Menschen aber glauben, sie hätten nur noch einen bestimmten Zeitabschnitt zu leben, wird diesem Wunsch fast alles andere untergeordnet. Sicherheit wird dann mit kurzer Laufzeit gleichgesetzt, also einem Zeitabschnitt, den man vermeintlich noch glaubt erleben zu können.

Dabei weiß eigentlich jeder Mensch, dass es erstens anders kommt und zweitens als man denkt. Wirklich sicher ist für jedes irdisches Dasein nur die Endlichkeit. Eine Erfahrung, die ich in vielen Anlagegesprächen gemacht habe, ist, dass die Kunden im fortgeschrittenen Alter häufig die Feststellung treffen: »Ich möchte mich nicht mehr so lange binden, so lange lebe ich ja gar nicht mehr.« Dies ist in gewisser Weise sehr erstaunlich. Wird sonst der Rendite fast jede andere Prämisse untergeordnet, so werden sinnvolle, aber länger laufende Anlagen mit diesem Argument abgelehnt. Das suggeriert aber gleichzeitig die Annahme, dass auch die Geldanlagen mit dem Tod des Anlegers ihre Erledigung gefunden hätten. Häufig genug ist es aber so, dass gerade die längerfristigen Geldanlagen für die Angehörigen einen höheren Ertrag bringen. Natürlich auch deshalb, weil diese in der Zeit nach dem Ableben des Kontoinhabers überhaupt kein Interesse daran haben, sich mit Geld zu beschäftigen, soweit nicht die Rechnungen bezahlt werden müssen.

Eine vernünftige Strategie in der Geldanlage hat für längere Zeit Bestand und wird selbst durch den Tod des Anlegers grundsätzlich nicht in Frage gestellt. Natürlich ist diese anzupassen und auf die individuellen Bedürfnisse der Erben abzustellen. Die Erben haben wohl auch durchaus ein Interesse daran, dass das Kapital gut verzinst angelegt ist. Die sofortige Fälligkeit des kompletten Vermögens nach dem Ableben des lieben Verwandten ist nicht erforderlich. Ein Teilbetrag sollte jedoch für die Begleichung der notwendigen Kosten vorhanden sein. Anteile an Fonds kann man genauso aufteilen wie Nominalbeträge von festverzinslichen Wertpapieren oder die Stückzahlen von Aktien.

Tipp

Für den »Fall der Fälle« sollte gerade bei älteren Menschen ein gewisser Betrag auf einem Konto bereitgestellt sein, auf den die Angehörigen sofort Zugriff nehmen können. Das gilt nicht nur für den letzten Weg, sondern vor allem für die Fälle von Krankheit oder Unfall. Das bedeutet aber nicht, dass Zehntausende Euro einfach unverzinst auf dem Girokonto liegen sollten. Als Faustregel gilt, soweit möglich, das dreifache Monatseinkommen.

Noch viel wichtiger ist allerdings, dass man nahe Angehörige oder einen guten Freund für die Konten auch bevollmächtigt hat. Bei Fehlen einer Vollmacht besteht sonst die Gefahr, dass die Bank den Zugriff auf die Konten verweigert.

So sehr sich die Menschen nach Sicherheit sehnen, so sehr kann man ihnen diese bei einer Geldanlage eigentlich nicht bieten. Zumeist verstehen die Anleger unter Sicherheit, dass die Anlage nicht an Wert verliert. Dabei schauen sie aber fast immer nur auf die kurzfristige Entwicklung. Während Festgelder und Spareinlagen nur magere Renditen zwischen 2 und knapp 4

Prozent verdienen, können Aktienanlagen auch schon einmal zweistellig zulegen. Natürlich schwanken diese auch stark und verlieren auch mal an Wert. Soweit man sich aber langfristige Wertentwicklungen anschaut, verlieren die gängigen Geldanlagen durch die Geldentwertung eigentlich immer an Wert, während die Aktienanlagen einen Mehrwert über der Inflation erzielen, also an Kaufkraft zunehmen. Dies wirft auf die Sicherheit bezüglich des Wertes der Geldanlage dann ein völlig neues Licht.

Die Marktrendite 4.4

Der Konkurrenzkampf der Banken untereinander um die Gunst der Kunden ist in den letzten Jahren groß geworden. Die Kreditinstitute überbieten sich geradezu mit immer neuen Angeboten um höhere Zinsen und günstigere Konten. Das kostenlose Girokonto, der Tankgutschein, das geschenkte Guthaben oder kleine Goldbarren. Kaum ein Geschenk ist den Banken zu groß, um an neue Kunden zu kommen. Natürlich werben Kunden auch Kunden, aber wer lässt sich heute noch für einen Toaster oder eine normale Kaffeemaschine zu einer Bank locken.

Dabei stellt sich natürlich die Frage, wie die Banken ihre Werbemaßnahmen überhaupt finanzieren. Wenn jedem neuen Kunden eine Gutschrift von 75,– Euro auf dem Konto zugesichert wird (Angebot einer deutschen Großbank im März 2008), dann ist das ja erst einmal eine Investition für die Bank. Das Geld muss schließlich irgendwoher kommen. Der Markt der Bankkunden ist in der Bundesrepublik verteilt. Jeder, der ein paar Euro auf der hohen Kante hat, verfügt auch zumeist über ein Bankkonto. Es gibt ja kaum eine andere Möglichkeit, als sein Geld zur Bank zu bringen. Also ist die Konsequenz, dass die Banken versuchen, den Konkurrenten die Kunden abzujagen. Mit allen möglichen Mitteln, koste es – fast –, was es wolle.

Es lohnt sich jedoch, bei den unterschiedlichen Angeboten genau hinzusehen: Wenn die Zentralbank den Banken das Geld für 4,2 Prozent p.a. zur Verfügung stellt, warum sollten die Banken den Kunden 4,5 Prozent, 5,0 Prozent oder sogar 6,0 Prozent bezahlen. Das Geld ist in allen Fällen dasselbe und nicht einmal besser oder schlechter, schneller oder langsamer, sauberer oder griffiger. Geld ist eine allgemeine, austauschbare Ware. Also muss es andere Gründe geben, die die Unterschiede ausmachen. Und diese stehen häufig im Verborgenen, also im Kleingedruckten. Deshalb muss der Kunde ganz genau aufpassen, um nicht am Ende »Leergeld« zu zahlen.

Achten Sie vor allem darauf, für welchen Zeitraum die Zinsen gezahlt werden. Die Angabe erfolgt zwar immer auf ein Jahr bezogen, also p. a.; Sie wissen aber nicht, ob die Zinsen auch wirklich für ein Jahr gezahlt werden. Häufig gibt es den Sonderzinssatz nur für ein paar Monate. Anschließend werden die Zinsen mehr oder weniger stillschweigend einfach gesenkt, ohne dass man Sie darüber vernünftig in Kenntnis setzt.

Eines der weiteren Zauberworte heißt »Cross selling«, sehr frei übersetzt »Kreuzverkauf«. Damit bezeichnen Banken einen Vorgang, dem Kunden zusätzlich noch andere Produkte anzubieten und zu verkaufen, um mit dem Mehrerlös aus dem Verkauf die höheren, nicht marktgerechten Zinsen zu bezahlen. Das ist im Grunde auch nichts anderes, als dass ein Supermarktbetreiber versucht, durch bestimmte sehr günstige Artikel im Waschmittel- oder Kaffeebereich die Kunden in seinen Laden zu locken. Dabei hat er die Hoffnung, dass die Kunden gleichzeitig mit den Sonderangeboten auch Produkte in den Einkaufswagen legen und kaufen, die eben nicht besonders preisgünstig sind.

Ein anderes sehr beliebtes Mittel sind Geschäfte, die miteinander verbunden werden. Der Kunde legt zum Beispiel einen Betrag von 10.000,– Euro an. Dabei legt er die Hälfte des Geldes (5.000,– Euro) auf ein Festgeld und erhält dafür 6 Prozent p. a., allerdings nur für sechs Monate, also zunächst 150,– Euro. Danach verzinst sich das Geld mit dem dann normalen Satz, den der Kunde aber überhaupt noch nicht kennt. Die andere Hälfte des Geldes muss in einem Aktienfonds, zumeist ein eigenes Produkt der Bank, angelegt werden. Für diesen ist allerdings ein Ausgabeaufschlag in Höhe von 5 Prozent zu bezahlen, sofort und bezogen auf die komplette Anlagesumme von 5.000,– Euro, also insgesamt 250,– Euro. Dieser Erlös subventioniert dann die eigentlich zu hohen Zinsen.

Genauer hinsehen sollte der Kunde auch, wenn er bei Banken abschließt, die oft nur im Internet präsent sind und nur wenige oder gar keine Filialen haben. Das Zauberwort hier heißt Einlagensicherung und korrespondiert mit dem Thema Sicherheit. Viele Kunden fragen sich überhaupt nicht, was mit ihren Einlagen passiert, wenn der Bank etwas passiert, sie also zum Beispiel in Konkurs geht. Das ist in den vergangenen Jahren selbst in Deutschland immer mal wieder vorgekommen. Seit der Pleite der Herstatt-Bank im Jahre 1974, bei der viele Sparer ihre Einlagen verloren, hat sich sehr viel geändert.

Die Volks- und Raiffeisenbanken sowie die Sparkassen in der Bundesrepublik sind in verbandseigenen Sicherungsverbänden zusammengeschlossen. Die Banken stehen füreinander gerade und die Kunden können sicher sein, dass sie ihre Einlagen auch wiederbekommen. Viele der privaten Banken sind im sogenannten Einlagensicherungsfonds deutscher Banken zusammengeschlossen. Auch hier stehen die Banken füreinander ein. Die Haftungssumme beträgt 30 Prozent des haftenden Eigenkapitals der Bank, und zwar pro Kunde! Das sind in aller Regel mehrere Millionen Euro.

Völlig anders sieht aber die europäische, gesetzliche Regelung aus: Die Haftungssumme beträgt nur 20.000,– Euro pro Kunde und davon werden auch noch 10 Prozent als Selbstbehalt zurückgehalten. Legt der Kunde also 30.000,– an, so erhält er im Konkursfall der Bank nur 18.000,– Euro zurück. Dass die Bank bei dieser Haftungssumme auch höhere Guthabenzinsen bezahlen muss, um überhaupt an Einlagen zu kommen, liegt auf der Hand.

Tipp

Der Anleger sollte sich und dem Berater unbedingt folgende Fragen stellen:

Für welchen Zeitraum werden die hohen Zinsen überhaupt gezahlt?

Welche Produkte sollen noch verkauft werden, die Sie eigentlich gar nicht haben wollen?

Gibt es vielleicht von Beginn an ein »verbundenes Geschäft«, das heißt, dass Sie den Zins nur bekommen, wenn Sie auch ein anderes Produkt kaufen?

Wie sieht es mit der Sicherheit der Bank im Konkursfall aus?

Der Kunde kann sich gegen unlautere Geschäfte nur dann wehren, wenn er sich selbst informiert und offenkundig sehr große Versprechen immer wieder hinterfragt. Der gesunde Menschenverstand ist dabei zumeist ein sehr guter Ratgeber.

4.5 Das Zusammenspiel von Zinsen und Renditen

Das gilt auch für eines der größten »Geheimnisse« in der Geldanlage: Die Angabe der Rendite. Überhaupt scheint die Zins- und Zinseszinsrechnung eines der größten Rätsel der Menschheitsgeschichte zu sein – zumindest könnte man diesen Eindruck gewinnen, wenn man vielen Menschen Glauben schenken darf.

Bei Immobilienfinanzierungen zum Beispiel ist häufig von der Effektivverzinsung die Rede. Mit der Angabe des Effektivzinssatzes sollen die verschiedenen Angebote der Banken für den Kunden vergleichbar gemacht werden. Eigentlich sind die Banken verpflichtet, alle weiteren Gebühren, für die Kontoführung, die Schätzung oder die Bearbeitung des Kredites, in die Berechnung des Effektivzinssatzes einzubeziehen. Was macht der Kunde aber, wenn die Bank sich nicht daran hält? Rechnen kann der Kunde damit überhaupt nicht. Vielmehr ist der Nominalzins der entscheidende Faktor, um die monatliche Belastung für den Kreditnehmer zu berechnen.

In der Geldanlage gibt es für die Renditeberechnung eine Formel, die allerdings nicht ganz einfach ist.

Tipp

Die Renditeformel:

$$\mathit{Rendite} = \frac{\frac{P + (Ke - Ka)}{n} \times 100}{Ka}$$

wobei:

Ka = Anfangskapital, eingesetztes Kapital oder Kaufkurs

Ke = Endkapital, Zahlung bei Endfälligkeit

P = Nominalzins

n = Anlagedauer bzw. Restlaufzeit (in Jahren)

Das sieht aber auf den ersten Blick schwieriger aus, als es ist. Für den Hausgebrauch gibt es hier eine ganz einfache Methode, die zugegebenermaßen ungenau ist und bei längerer Laufzeit oder »krummen« Zeitabläufen auch nicht genau genug. Um sich in der Anlageberatung aber einen schnellen Überblick zu verschaffen, langt sie allemal:

Beispiel

Nehmen wir an, Sie möchten gerne eine Anleihe kaufen. Diese läuft vom 1. März eines Kalenderjahres bis zum 1. März drei Jahre später. Das Papier ist sehr sicher, der Marktzins ist 3,5 Prozent p. a. für sehr sichere Anlagen. Der Berater teilt Ihnen mit, dass der Nominalzins 2,5 Prozent p. a. und der Kurs 97,0 betragen. Sie sind verunsichert, weil der Nominalzins so sehr viel niedriger liegt.

Der Trick liegt aber im Kaufpreis der Anleihe. Sie müssen nur 97 Prozent des Nominalwertes bezahlen. Kostet die Anleihe also normalerweise 100 Prozent oder 100,– Euro, so bezahlen Sie in diesem Fall nur 97,– Euro. Die Anleihe wird unter pari, also unter 100 gehandelt. Sie bekommen die Anleihe 3 Prozent oder 3,– Euro billiger. Im Beispielfall hat die Anleihe noch eine Restlaufzeit von drei Jahren. Pro Jahr der Restlaufzeit haben Sie also einen Vorteil von 1 Prozent (oder 1 Euro) Diesen Vorteil müssen Sie einfach zu dem Nominalzins in Höhe von 2,5 Prozent p. a. addieren, was nach Adam Riese genau 3,5 Prozent ausmacht. Die Rendite der Anleihe entspricht also exakt der Marktrendite. Sie können das Papier bedenkenlos kaufen.

In diesem Fall hat der Kunde durch den Preis unter pari einen Vorteil in Relation zur Höhe des Nominalzinssatzes. Das gilt aber im umgekehrten Fall auch für die Anleihen, wenn der Kurs über pari, also über 100 beträgt. Nur muss man dann die auf jedes restliche Laufzeitjahr bezogene Zahl vom Nominalzins abziehen.

Beispiel

Der Nominalzins einer Anleihe beträgt 4,5 Prozent. Die Laufzeit 1. Juli eines Kalenderjahres bis zum 31. Dezember in genau viereinhalb Jahren. Die Marktrendite beläuft sich auf 3,75 Prozent p. a., der Kaufpreis wird bei vergleichbarer Sicherheit 103,375 betragen. Der Kursnachteil in Höhe von 3,375 Prozent ist durch die Restlaufzeit in Höhe von 4,5 Jahren zu teilen. Das Ergebnis von 0,75 ist von 4,5 abzuziehen, man erhält 3,75.

Deutlich schwieriger ist die Berechnung einer Rendite bei Investmentfonds. Durchgesetzt hat sich hier die sogenannte BVI-Methode. (BVI ist die Abkürzung für den Bundesverband Investment und Asset Management e. V.; er ist eine Interessenvertretung der Investmentbranche und bietet Grundlagenwissen zu Investmentfonds, Altersvorsorge mit Fonds und Ähnliches, die Adresse ist im Anhang aufgeführt.)

Diese international anerkannte Standardmethode ermöglicht eine einfache, nachvollziehbare und exakte Berechnung. Die Wertentwicklung der Anlage ist die prozentuale Veränderung des angelegten Vermögens zwischen dem Anfang und Ende des Anlagezeitraums. Dabei wird unterstellt, dass die Ausschüttungen rechnerisch umgehend in neue Fondsanteile zum sogenannten Inventarwert, also dem Rücknahmepreis wieder investiert worden sind. So werden die Wertentwicklungen ausschüttender und thesaurierender Fonds untereinander vergleichbar. Bei einem ausschüttenden Fonds bekommt der Anleger bei jedem Ausschüttungstermin den Ertrag des Fonds auf seinem Konto gutgeschrieben. Der Kunde kann sich dann selbst entscheiden, ob er neue Anteile des Fonds kauft oder etwas anderes mit dem Geld macht. Bei einem thesaurierenden Fonds wird das Geld sofort wieder dem Fondspreis gutgeschrieben, ohne dass es zu einer Buchung auf dem Konto kommt. Die Stückzahl der Fondsanteile des Kunden ändert sich ebenfalls nicht.

Allerdings wird auch angenommen, dass das eingesetzte Kapital hundertprozentig zur Anlage kommt und somit bestimmte Einflussfaktoren wie beispielsweise Ausgabeaufschlag, Rücknahmespesen, Depotgebühren oder Kontoführungsgebühren nicht berücksichtigt werden.

Die Rendite von Spareinlagen und Festgeldern kann natürlich ebenfalls vom nominal erhaltenen Zins abweichen. Die meisten Menschen sind froh um jeden zehntel oder hundertstel Prozentpunkt, den sie bei den Konditionsverhandlungen heraushandeln können. Auch hier gilt es, immer genau hinzuschauen, wie man sein Geld möglichst günstig anlegt.

Sie können zum Beispiel Ihr Geld, sagen wir 10.000,– Euro, für ein Jahr zu 3,5 Prozent anlegen oder aber Sie machen aus dem Jahresfestgeld ein Monatsfestgeld, ebenfalls zu 3,5 Prozent p.a. Der Unterschied liegt darin, dass Sie beim Monatsgeld die Zinsen bereits nach 30 Tagen erhalten und diese sich für den Rest der Laufzeit ebenfalls mitverzinsen. Die Differenz beträgt dann auf ein Jahr bezogen rund 5,67 Euro oder eben 0,05 Prozent mehr an Zinsen. Das klingt nicht viel, bei größeren Summen oder längeren Laufzeiten kann das aber einiges ausmachen. Natürlich darf man hier nicht unerwähnt lassen, dass das Zinsänderungsrisiko ebenfalls zu Ihren Lasten geht. Sinken die Zinsen während der Laufzeit von einem Jahr beim Monatsgeld, haben Sie ein Risiko, gleichzeitig aber auch die Chance, dass diese steigen.

DIE ARTEN DER GELDANLAGE 5

Festgeld und Sparbuch als Auslaufmodell? 5.1

Das sogenannte magische Dreieck der Geldanlage haben wir schon in Kapitel 4 näher betrachtet. Danach muss der Anleger nach den Parametern Sicherheit, Rendite und Liquidität eine Anlageentscheidung treffen.

Der Unterschied zwischen den verschiedenen Anlageformen liegt vor allem darin, dass die Renditen sehr weit auseinander liegen können. Auf einem laufenden Konto, welches dem Zahlungsverkehr dient, also für Überweisungen (Erlagscheine), Lastschriften genutzt wird, gibt es zumeist überhaupt keine Zinsen.

In den letzten Jahren haben die sogenannten Tagesgeldkonten sehr zugenommen. Sie sind bei den Anlegern sehr beliebt, weil sie die tägliche Verfügbarkeit der Gelder mit einer recht hohen Verzinsung verbinden. Der negative Aspekt liegt darin, dass sich die Verzinsung der jeweiligen Marktentwicklung sehr schnell anpasst. Bei steigenden Zinsen ist das gut für den Anleger, bei sinkenden Zinsen wohl eher nicht. Für Verärgerung sorgt nämlich, dass sich die Banken bei Zinssteigerungen etwas Zeit lassen, Zinssenkungen aber meist recht schnell an den Kunden weitergegeben werden.

Bei Festgeldern entscheidet sich der Anleger, das Geld für 30 Tage oder eine beliebige Laufzeit von Monaten oder Jahren »fest« anzulegen. Je nach Vereinbarung mit der Bank kann der Anleger während dieser Laufzeit nicht an die Geldanlage heran.

Bei Sparbüchern ist es ähnlich. Hier liegen die Anlagezeiträume zumeist bei drei, sechs oder zwölf Monaten. Aber auch mehrere Jahre Laufzeit sind möglich. Zu beachten ist hier, dass diese Geldanlage einer Kündigungsfrist unterliegt. Die normale Kündigungsfrist liegt bei drei Monaten, das ist die alte gesetzliche Frist bei »normalen« Spareinlagen. Erst nach Ablauf dieser Frist kann der Kunde über die komplette Spareinlage verfügen. Möchte er früher an das Geld heran, ist ein Vorschusszins durch die Bank zu berechnen. Ohne eine Kündigung ist nur eine Verfügung in Höhe von 2.000,– Euro zu Lasten eines Sparkontos pro Kalendermonat möglich.

Information

Übrigens hat es rein rechtlich überhaupt keine Bedeutung, ob der Anleger noch ein Sparbuch, also ein kleines Buch mit eingedruckten Salden erhält oder einen Kontoauszugshefter, in denen die einzelnen Buchungen wie bei einem laufenden Konto mit ganz normalen Kontoauszügen vermerkt sind. Der Siegeszug des »Loseblatt-Sparbuches« hat einzig und allein etwas mit dem Zwang zur Kostenreduktion bei den Banken zu tun. Die Herstellung und Handhabung der richtigen Sparbücher ist sehr aufwendig und teuer. Deshalb haben die meisten Banken auf die bekannten Kontoauszüge oder die Benutzung der Plastikkarten auch bei Sparbüchern umgestellt.

Das Geldvermögen der Deutschen betrug Ende 2006 rund 4,26 Billionen Euro, in Österreich 356 Milliarden Euro und in der Schweiz rund 1 Billion Euro. Diese Zahlen sind natürlich aufgrund der unterschiedlichen Einwohnerzahlen in den verschiedenen Ländern nur bedingt aussagekräftig. Pro Kopf hatte jeder Deutsche ungefähr 54.000,– Euro Vermögen, jeder Schweizer aber mit rund 154.000,– Euro weit mehr als das Doppelte. Die Österreicher liegen hier mit rund 44.000,– Euro dicht hinter den Deutschen. Auch bei der Verteilung des Vermögens gibt es recht große Unterschiede. In Deutschland sind rund 30 Prozent, das heißt 1,492 Billionen Euro auf Spar-, Sicht-, Termineinlagen und Bargeld geparkt, und 46 Prozent entfallen auf Immobilien, die allerdings auch entsprechend mit Krediten belastet sind. Der »Rest« ist unter anderem bei Versicherungen angelegt. In der Schweiz und in Österreich entfallen allein rund 70 Prozent auf Versicherungen und Pensionsfonds. Dies ist nicht zuletzt darin begründet, dass es in diesen Ländern kein vergleichbares Altersvorsorgesystem wie das deutsche staatliche Rentensystem gibt. Der Bürger muss dort vielmehr selbst für sein Alter vorsorgen und rechtzeitig Kapital dafür zurücklegen. Viele der Unterschiede in der Anlegermentalität sind also historisch bedingt. So ist zum Beispiel auch in den angelsächsischen Ländern der Anteil der Aktionäre sehr viel höher als in der Bundesrepublik.

Bei einer Anlage auf einem Sparbuch oder einem Festgeld muss der Anleger sich immer darüber im Klaren sein, dass er die Anlage mit einer geringeren Rendite »bezahlt«. Vielfach ist diese Rendite auch so knapp bemessen, dass sie nach Abzug der Einkommen- oder Kapitalertragsteuer noch nicht einmal einen angemessenen Inflationsausgleich liefert. Sind die steuerlichen Freibeträge auch noch so hoch, zum Schluss bleibt immer weniger in der Tasche des Anlegers zurück, wenn erst das Finanzamt seinen Anteil beansprucht hat. Auch wenn ab 2009 die Abgeltungssteuer in Deutschland berechnet wird und man damit dem österreichischen Beispiel folgt, so bedeutet das vielfach individuell eine höhere Belastung. Zwar hat jeder Anleger, der einen geringeren Durchschnittssteuersatz als 25 Prozent hat, einen Anspruch auf Erstattung der zu viel gezahlten Steuern. Doch viele Steuerpflichtige, vor allem ältere, geben gar keine Steuererklärung ab. Sei es aus Unkenntnis oder Bequemlichkeit, verzichten viele Menschen auf die Arbeit mit den Formularen. Aber sie verzichten damit auf bares Geld und verschenken ein Vermögen. Durch die Senkung der Freibeträge und die Tatsache, dass in Zukunft alle erzielten Gewinne besteuert werden, kann sich die Besteuerung ebenfalls erhöhen.

Gegen die Anlage in Aktien oder Fonds spricht das folgende Argument, das immer wieder im Anlagegespräch genannt wird: Die Menschen möchten einfach ruhig schlafen können. Jeder Terroranschlag, jede Äußerung eines wichtigen Politikers oder Notenbankers oder jede Zinsentscheidung in die eine oder andere Richtung hat eine Auswirkung auf die Aktienkurse. Und dies macht viele Menschen in Bezug auf ihre Aktienfonds unsicher und nervös. Deshalb werden in Deutschland auch in Zukunft das Sparbuch oder die Festgeldanlage wesentlicher Bestandteil einer gut strukturierten Geldanlage bleiben.

Aktien als Zukunftsmodell? 5.2

Im Hinblick auf die Altersvorsorge gewinnt eine langfristige Geldanlage in Form von Aktien und Fonds immer stärker an Bedeutung. Die Renditen sind dort am höchsten, der Erfolg damit am größten. Natürlich kann man mit einer Aktienanlage auch sehr viel Geld verlieren. Wer, wie zum Beispiel bei einem Pferderennen, alles auf ein Pferd oder eben eine Aktie setzt, darf sich nicht wundern, wenn er das ganze gesetzte Geld verliert.

Der über lange Jahre große Erfolg der Aktien liegt meines Erachtens auch in der Grundstruktur der Anlagen. Aktien sind eine Beteiligung am Eigentum, an Produktionsmitteln. Es wird ein über der Inflation liegender Mehrwert geschaffen, an welchem der Aktionär sich zu beteiligen versucht. Er gibt einem Unternehmer einen Teil seines Kapitals und wird dafür am Unternehmenserfolg beteiligt. Läuft das Unternehmen gut, werden sich immer mehr Aktionäre beteiligen wollen und die Aktien kaufen. Die Kurse an der Börse steigen immer weiter und die Rendite des Aktionärs ebenfalls. Wenn dann noch ein Split, also eine Aufteilung der Aktie vorgenommen wird, weil sie zu teuer geworden ist, dann werden die Altaktionäre davon profitieren.

Information

Ein Aktiensplit lässt sich wie folgt erläutern. Angenommen, eine Aktie kostet 1.000,– Euro. Das ist vergleichsweise viel. Vor allem müssen die interessierten Käufer viel Geld aufwenden, um sich eine Aktie leisten zu können. Also wird die Aktie beispielsweise im Verhältnis von 1:20 gesplittet im Sinne von aufgeteilt. Für eine alte Aktie bekommt der Altaktionär 20 neue. Natürlich reduziert sich auch der Wert. Kostete die Aktie vorher 1.000,– Euro, so sind es am Tag des Splits »nur« 50,– Euro. Das macht die Aktie »optisch« billiger, obwohl sich am Wert gar nichts geändert hat. Es werden jedoch neue Käuferschichten für die Aktie interessiert, was den Kurs erfahrungsgemäß steigen lässt.

Zudem sorgt ein gut laufendes Unternehmen dafür, dass die jährlichen Gewinne steigen und die Aktionäre an diesen Gewinnen durch höhere Dividendenzahlungen teilhaben.

Natürlich gibt es aber auch Zeiten, in denen die Eigentümer überhaupt keine Freude an ihrem Unternehmen haben. Es gibt Marktveränderungen, die dazu führen, dass ein Produkt nicht mehr konkurrenzfähig ist. Vielleicht hat das Management auch Fehler gemacht und nicht rechtzeitig die Zeichen der Zeit erkannt. Oder aber die Art der Produktion ist zu teuer, Absatzmärkte brechen weg oder es gibt andere Unternehmen, die preiswertere oder bessere Produkte herstellen. Es kann auch sein, dass die Aktienkurse generell sinken, weil sich die gesamtwirtschaftlichen Daten negativ verändern. Möglicherweise führen aber auch andere äußere Einflüsse dazu, dass die Aussichten für die Märkte nicht mehr so rosig erscheinen.

Im Spiel zwischen Angebot und Nachfrage heißt das dann, dass das Angebot an Aktien größer als die Nachfrage ist. Die Verkäufer müssen den wenigen Nachfragern die Aktie irgendwie schmackhaft machen und kommen ihnen im Preis entgegen, die Kurse sinken auf breiter Front. Das hat kein Anleger gerne. Irgendjemand muss dann allerdings auch bereit sein, die Preise zu bezahlen. Es gibt einige grundlegende Regeln, die den Anleger vor allzu großen Verlusten bewahren sollten.

Tipp

- ***»Don't put all eggs in one basket.« Übersetzt heißt das: Nicht alle Eier in einen Korb legen. Auf Deutsch würden wir sagen: Nicht alles auf eine Karte setzen. Das Risiko muss diversifiziert, also verteilt werden.***
- ***»Nicht in ein fallendes Messer greifen.« Diese Aussage trifft auf die Phase stark sinkender Kurse zu. Wenn die Kurse fallen, ist es vielleicht zu gefährlich, zu früh einzusteigen und noch mehr Geld zu verlieren. Wenn sich der Wert einer Aktie fundamental geändert hat oder die Aktienkurse auf breiter Basis stark sinken, sollte man zunächst eine gewisse Bodenbildung abwarten, um wieder neu einzusteigen.***
- ***»Nicht schlechtem Geld gutes hinterherwerfen.« Auch dieser Spruch trifft auf fallende Kurse zu. Wenn ein Unternehmen wirklich ein Strukturproblem hat, dann muss man vielfach die Notbremse ziehen und sich von dem Engagement trennen. Manchmal hat man sich einfach verkalkuliert und dann muss man die Konsequenz ziehen, sei sie auch noch so schmerzhaft.***

Was sind Renten? 5.3

Mit dem Begriff Renten sind hier nicht die Rentenzahlungen einer Versicherung oder des Staates gemeint, sondern festverzinsliche Wertpapiere. Sie werden beispielsweise auch als Anleihen, Bonds, Schuldverschreibungen oder Pfandbriefe bezeichnet. Alle Begriffe beschreiben einen bestimmten Vorgang: Der Anleger entscheidet sich, einer Bank, einer Kommune, dem

Staat oder einem Unternehmen für eine bestimmte Zeit einen Geldbetrag zur Verfügung zu stellen. Dafür erhält er eine Verzinsung, die in den meisten Fällen für die ganze Laufzeit fest vereinbart wird. Es gibt aber auch Fälle, in denen der Zinssatz von weiteren Entwicklungen abhängig gemacht wird. Zum Beispiel kann man den Nominalzins an den Euribor (European Interbank Offered Rate) oder einen anderen allgemeingültigen Zinssatz koppeln. Es gibt auch Fälle, in denen überhaupt kein Zins vereinbart wird, sondern sich die Rendite des Kunden allein über den Kurs der Anleihe berechnet. Diese Fälle nennt man Nullkupon-Anleihe oder Zerobonds.

Der entscheidende Unterschied zu den Aktionären ist die rechtliche Grundstruktur. Wird der Anleger bei den Aktien Eigentümer am Unternehmen, wenn auch nur eines kleinen Teils, so bleibt der Käufer einer Anleihe generell nur Gläubiger. Er ist Darlehensgeber und hat gegenüber einem Eigentümer eine etwas andere Position. Ob die Stellung des Aktionärs oder die des Anleihegläubigers dabei positiver zu bewerten ist, lässt sich nicht eindeutig sagen. Ist ein Unternehmen in Konkurs gegangen, erhalten die Altaktionäre zumeist nichts, die Anleihegläubiger aber zumindest einen gewissen Anteil am Restvermögen, an der sogenannten Quote. In anderen Fällen haben Anleihegläubiger alles verloren und die Aktionäre sind nach einigen Jahren wieder in die alten Rechte eingesetzt worden.

Grundsätzlich werden Renten oder besser Anleihen auch an einer Börse gehandelt und haben damit einen Preis, also einen Kurswert. Dieser Preis kann sinken, aber auch steigen. Dies hängt zum einen von der Beurteilung des Emittenten, zum anderen von der allgemeinen Zinsentwicklung ab. Sehr vereinfacht ausgedrückt, lässt sich das wie folgt erklären: Hat die jeweilige Anleihe einen geringeren Zinssatz als zu einem bestimmten Zeitpunkt üblich, dann wird der Kurs der betreffenden Anleihe sinken, um sie konkurrenzfähig zu machen. Hat die Anleihe aber einen höheren Zinssatz als andere marktübliche Papiere, dann wird der Kurs steigen.

Diese Kursbewegungen gibt es in Deutschland nur bei Bundesschatzbriefen nicht. Diese werden immer zu einem festen Preis gehandelt. Allerdings kann der Anleger diese nur innerhalb eines vorgegebenen Rahmens wieder zu Geld machen. Seiner Verfügungsmöglichkeit sind enge Grenzen gesetzt. Der Bundesfinanzminister möchte damit nur verhindern, dass die Anleger unbegrenzt schlechter verzinste Papiere sofort wieder zu Geld machen können, um sie in besser verzinste Papiere zu tauschen.

Anleihen werden in unterschiedlichen Laufzeiten gehandelt. Waren bis vor einigen Jahren durchaus noch sehr lang laufende Staatsanleihen mit einer Laufzeit von bis zu 30 Jahren üblich, so ist dieser Bereich heute eher unbeliebt. Für den Privatkunden sind heute eher die Laufzeiten zwischen drei und fünf Jahren interessant. Der Grund ist sehr einfach. Schon seit Jahren ist die Zinsstrukturkurve, also die Anzeige der Zinsentwicklung zwischen einem und zehn Jahren sehr flach. Das hat zur Folge, dass der Anleger für eine längerfristige Bindung seines Geldes einen nur sehr geringen Zinsvorteil erhält. In manchen Situationen verhält es sich auch so, dass er für eine geringere Laufzeit einen höheren Zins erhält als für eine längere Laufzeit. Diese besondere Situation nennt man inverse Zinsstruktur.

Darstellung der Zinsentwicklung von Pfandbriefen mit 1- bis 10-jähriger Laufzeit zwischen 2005 und 2008

	30. Dez. 05	30. Dez. 06	30. Dez. 07	30. Mai 08
1 Jahr	2,85	4,04	4,61	5,34
2 Jahre	3,03	4,08	4,41	5,38
3 Jahre	3,12	4,07	4,36	5,30
4 Jahre	3,18	4,07	4,36	5,20
5 Jahre	3,23	4,07	4,38	5,13
6 Jahre	3,28	4,08	4,41	5,07
7 Jahre	3,33	4,09	4,45	5,08
8 Jahre	3,38	4,11	4,49	5,04
9 Jahre	3,42	4,11	4,53	5,04
10 Jahre	3,46	4,15	4,57	5,04

Quelle: Eigene Recherche

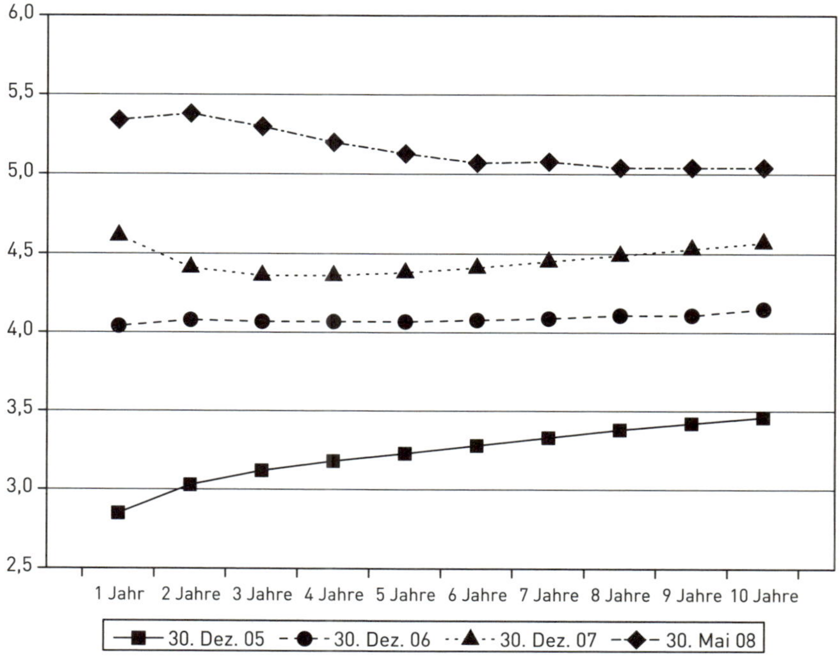

Quelle: Eigene Darstellung

Anhand dieser Grafik ist deutlich zu erkennen, wie sich die Zinsen vor allem im kurzfristigen Bereich gedreht haben. War die Zinsstruktur im Jahre 2005 noch nahezu »normal« (untere Kurve) mit einem Unterschied von rund 0,61 Prozent, änderte sich die Lage nur ein Jahr später. Die Kurve ist gegen Ende des Jahres 2006 sehr flach. Einen entscheidenden Unterschied zwischen kurzen und längeren Laufzeiten gibt es nicht. Warum sollte der Anleger sich also länger binden, wenn er keine höheren Zinsen bekommt? Wieder ein Jahr später sind die Auswirkungen der Immobilienkrise zu sehen. Im kurzfristigen Bereich ist das Geld richtig teuer geworden. Die Zinsstrukturkurve ist invers. Im kurzen Bereich kann der Anleger richtig viel Geld bekommen, während die Zinsen auf längere Sicht zwar gestiegen sind, doch längst nicht so stark. Wieder fünf Monate später ist der Unterschied noch größer. Sind die Zinsen auf Jahressicht um 0,43 Prozentpunkte gestiegen, so beträgt der Anstieg im Zehnjahresbereich nur 0,26 Prozentpunkte.

Tipp

Faustformel für die Anlage während einer normalen Zinsphase: Je länger die Laufzeit einer Anleihe, desto höher die Verzinsung. Das ist jedenfalls die allgemeingültige Regel. Bei einer inversen Zinsstruktur gilt genau das Gegenteil. Für eine kürzere Laufzeit gibt es mehr Zinsen als für eine längere Laufzeit.

Investmentfonds als Geldanlage 5.4

Die Anlageform der Investmentfonds ist in den letzten Jahren immer beliebter geworden. Dabei unterscheidet man zunächst offene und geschlossene Investmentfonds. Bei offenen Investmentfonds sammelt eine Kapitalanlagegesellschaft (KAG oder Investmentgesellschaft) das Geld der Anleger ein und bündelt es. Sie gründet einen Investmentfonds, der dann nach bestimmten Anlagegrundsätzen Investitionen in unterschiedlichen Anlagebereichen (Aktien, festverzinslichen Wertpapieren, am Geldmarkt oder in Immobilien) vornimmt. Dabei hat der Gesetzgeber keine Begrenzungen des Fondsvermögens oder der Zahl der auszugebenden Anteilsscheine vorgesehen. Die Höhe des Geldes, das die Vermögensverwalter in liquiden Anlagen halten dürfen oder müssen, unterliegt jedoch einer Beschränkung.

Die jeweiligen Anteilsscheine können in der Regel an jedem Börsentag gehandelt werden. Auch hier werden allerdings mehrere Möglichkeiten unterschieden. Manche Fonds kann man bereits direkt über die Börse kaufen. Dabei bildet sich eine Geld-/Briefspanne, also ein Kursunterschied zwischen Kauf und Verkauf des jeweiligen Anteilsscheins. Außerdem muss der Käufer des Papiers eine Gebühr für den Kauf an seine Bank bezahlen und auch die sonstigen Börsenspesen übernehmen. Der Vorteil liegt aber darin, dass der Anleger den Preis recht gut bestimmen kann, indem er zum Beispiel auch eine Limitierung seiner Order vornimmt. Diese Möglichkeit hat der Anleger im anderen Fall nicht. Der Kauf von Investmentfondsanteilen wird im Normalfall über Ordererteilung an eine Bank getätigt, die dieses Geschäft dann außerhalb der Börse abwickelt. Der Kunde muss an die Bank einen höheren Preis bezahlen, als er selbst für den Fonds erhalten würde.

Dieser Ausgabeaufschlag liegt zwischen 3 (bei Rentenfonds) und 5,5 Prozent (bei Aktienfonds). Auch kennt der Anleger in aller Regel den tatsächlichen Preis für den Fonds nicht, da dieser erst nachmittags für den jeweiligen Tag festgelegt wird, die Order aber zumeist spätestens bis 12.00 Uhr desselben Tages aufgegeben sein muss.

Ähnliches gilt auch für die Rückgabe, also für den Verkauf der Fondsanteile durch den Kunden. Der direkte Kauf über die Börse wird sich in aller Regel nur für Aktienfonds und das auch nur in Zeiten volatiler, also schwankender Börsen lohnen. Der Kunde weiß dann eben genau, was er bezahlen muss. Der Fonds wird dadurch genauso handelbar wie eine Einzelaktie.

Tipp

Überprüfen Sie genau, ob es interessanter ist, Fondsanteile über die Börse (Kurs sofort bekannt, Kosten beachten) oder über die Fondsgesellschaft (Ausgabeaufschlag, Kurs ist nicht sofort bekannt) zu kaufen. Beachten Sie dabei auch, dass die Rückgabe, also der Verkauf über die Börse weitere Kosten verursacht. Die Rückgabe über die Bank ist aber in aller Regel sehr kostengünstig oder sogar kostenlos.

Der generelle Vorteil einer Anlage in einen Investmentfonds liegt in der Streuung oder Diversifikation des Anlagerisikos. Auch im Konkursfall der Investmentgesellschaft muss sich der Anleger in aller Regel keine Sorgen um sein Vermögen machen.

Hat der Anleger Investmentfondsanteile erworben, so wird er Miteigentümer am Fondsvermögen. Damit hat er einen Anspruch auf Beteiligung am Gewinn und das Recht zur Anteilsrückgabe zum jeweiligen Rücknahmepreis. Der Wert jedes Anteils richtet sich nach dem Wert des gesamten Fondsvermögens (Nettoinventarwert oder Net Asset Value) und der Anzahl der ausgegebenen Anteile. Das Fondsvermögen ist nach deutschem Recht Sondervermögen und muss vom restlichen Vermögen der Fondsgesellschaft getrennt verwaltet werden.

Es liegt in der Natur der Sache, dass das Fondsvermögen durch die Ausgabe und den Verkauf neuer Anteilsscheine sowie durch Kursgewinne, Dividenden- oder Zinszahlungen der Gesellschaft steigt. Das Fondsvermögen sinkt durch Rücknahme von Anteilen, durch Verluste der zugrunde liegenden Wertpapiere oder durch Ausschüttungen der Gesellschaft.

Es gibt auch die sogenannten geschlossenen Investmentfonds. Diese unterliegen einer Beschränkung hinsichtlich der Möglichkeit, die Anteile jederzeit zu kaufen und zu verkaufen. Am bekanntesten sind die Anlagen in geschlossene Immobilienfonds und in Schiffe (Öltanker, Containerschiffe, Bulker). Die Investition muss in einer bestimmten Phase, dem Platzierungszeitraum, erfolgen. Die Anteile können nur sehr schwer wieder zurückgegeben werden. In den letzten Jahren hat sich zu diesem Zweck ein eigener Markt, der sogenannte Zweitmarkt, entwickelt. Der Börsenplatz Hamburg hat sich insofern einige Verdienste erworben, damit die Anleger überhaupt die Anteile wieder zurückgeben können. Jeder Anleger muss sich jedoch darüber im Klaren sein, dass diese Fonds nur mit zum Teil erheblichen Abschlägen auf den eigentlichen Wert gehandelt werden.

Die Notlage eines Anleger, seine Fondsanteile wieder zu Geld machen zu müssen, wird von den Kaufinteressenten natürlich immer ausgenutzt. Auch ist der Anleger hier wieder bei der grundsätzlichen Frage der Anlageentscheidung im magischen Dreieck der Geldanlage. Die Laufzeit solcher Investitionen ist recht lang, auf jeden Fall mehr als sechs Jahre und beträgt bis zu 20 Jahre. Auch das Risiko einer solchen Anlage ist nicht unerheblich. Die sonst übliche Diversifikation der Anlage besteht bei geschlossenen Fonds zumeist nicht, da es sich hier nicht um viele Anlageobjekte, sondern nur um eines oder einige wenige handelt. Die Anlage in einen geschlossenen Fonds ist damit immer auch ein unternehmerisches Risiko. Die Rendite kann höher sein, aber die Möglichkeit eines Totalverlustes besteht eben auch.

Tipp

Geschlossene Fonds sind renditestark, aber auch risikoreich.

Sie binden das Kapital für einen relativ langen Zeitraum.

Auf jeden Fall keine hohen Einsätze investieren. Im Normalfall sollte der Einsatz nicht mehr als 5 oder 10 Prozent des Vermögens ausmachen.

Die Kosten sollten im Auge behalten werden. Zudem sollte man auch immer nach den von der Bank erhobenen Kosten fragen.

Die Chance auf eine höhere Rendite lassen sich die beteiligten Organisationen übrigens zum Teil auch fürstlich vergüten. Bei den meisten geschlossenen Fonds muss der Käufer auf seinen Anlagebetrag ein Agio, also ein Aufgeld in Höhe von 5 Prozent bezahlen. Damit sind aber die Einnahmen der Vertriebsorganisationen noch nicht abgegolten. Vielmehr sind die geschlossenen Fonds sehr ertragreich und versprechen an den Vertrieb eine finanzielle Vergütung in Höhe von bis zu 14 Prozent. Diese sogenannten weichen Kosten muss der Anleger natürlich mitfinanzieren und das schmälert seine Rendite.

5.5 Derivative Geldanlagen: Optionen, Futures, Zertifikate

Derivative Geldanlagen sind bestimmte Finanzinstrumente, die auf die Kursschwankung und Entwicklung anderer Investments abgestimmt sind. Diese Papiere sind so aufgebaut, dass sie die Schwankungen oder Preise der anderen Anlageobjekte überproportional nachvollziehen. Das gilt sowohl für steigende Kurse, aber auch für fallende Preise.

Sehr vereinfacht dargestellt, kann man diese Geldanlagen so beschreiben: Der Anleger wettet darauf, dass eine bestimmte Entwicklung eintritt. Er kann einen Geldbetrag darauf setzen, dass ein bestimmter Wert zu einem bestimmten Zeitpunkt einen bestimmten Kurs über- oder unterschreitet. Dabei benötigt er immer einen Partner, der mit ihm diese Wette eingeht, aber natürlich eine völlig entgegengesetzte Auffassung hat. Ohne diesen Partner wird er die Wette logischerweise nicht eingehen können. Dabei kann der Anleger auch beide Seiten der Wette eingehen, er kann die Option (die Wette) kaufen oder verkaufen.

Diese derivativen Geschäfte sind in ihrer Grundkonstruktion sehr sinnvoll. Zum Beispiel kann ein Anleger, der ein bestimmtes Aktiendepot hat, den Kurswert dieser Aktien absichern. Dabei wird angenommen, dass der Anleger grundsätzlich daran interessiert ist, die Anlagen zu behalten. Er möchte die Wertpapiere nicht verkaufen, Kursverluste aber so weit wie möglich vermeiden. In diesem Fall hat der Aktionär also die Papiere im Depot, möchte sie aber gegen Verluste absichern.

Diese Geschäfte sind aber auch dann möglich, wenn man die zugrunde liegenden Papiere gar nicht besitzt. In diesem Fall wird das Geschäft aus einer reinen Spekulation vorgenommen. Die Verträge werden nur aus reinem Gewinnstreben, aus Spaß am Zocken oder der wilden Spekulation eingegangen. Auch die Objekte der Spekulation können dabei völlig frei gewählt werden: der Ölpreis, die Zinsentwicklung, die US-Dollar/Euro-Relation oder Schweinehälften, der Weizenpreis in sechs Monaten oder sonst irgendetwas, den Möglichkeiten sind keine Grenzen gesetzt.

Man kann diese Art der Spekulation auch kritisieren. Wenn der Ölpreis nur deshalb steigt, weil einige Spekulanten auf der Welt meinen, sie müssten ihn künstlich nach oben treiben, weil sie ohnehin mit noch weiter steigenden Kursen rechnen, dann kostet das Millionen Menschen bares Geld und kann ganze Volkswirtschaften in den Ruin treiben. Es stellt sich hier die Frage, ob und inwieweit staatliche Regulierungen hier eingreifen können und sollen. Solche Eingriffe können nämlich nur dann sinnvoll sein, wenn sie weltweit von allen Staatsregierungen gemeinsam getragen werden.

Die Anlagen im Einzelnen sind recht schnell erläutert: Eine Option ist ein begrenztes Recht, ein nach Basispreis und Angebotsmenge, in diesem Fall Stückzahl, innerhalb des Kontraktes vom Geschäftspartner gestelltes Vertragsangebot innerhalb einer zeitlichen Frist anzunehmen oder abzulehnen. Der nicht geübte Leser wird hier unter Umständen mehrmals nachlesen müssen. Der wichtige Punkt ist aber nicht nur, dass der jetzige Kaufpreis festliegt, sondern auch der zukünftige Verkaufspreis! Diese Aussage kann man dergestalt zusammenfassen, dass alle Vertragsinhalte im Vorhinein festgelegt sind: der Vertragsgegenstand (die Aktie), ein bestimmter Preis, die Anzahl, also die Stückzahl des Gutes und der zukünftige Zeitpunkt, an welchem das Geschäft abgewickelt werden soll. Man unterscheidet hierbei Kauf- und Verkaufsoptionen. Mit Hilfe dieser Optionen kann der Anleger zusätzliche Einnahmen mit seinem Depot erzielen.

Ein Future ist ähnlich strukturiert. Auch hier ist das Maß der Dinge die Standardisierung des Kontraktes, also der Vereinbarung. In Bezug auf Menge, Qualität und Liefertermin sind das feste Verpflichtungen. Ein Vertragspartner verpflichtet sich, eine definierte Menge zum Beispiel eines Finanztitels zu einem bereits festgesetzten Preis an einem bestimmten Ort in festgelegter Qualität zu liefern. Die andere Vertragspartei verpflichtet sich zur Abnahme. Dabei können das Finanzkontrakte sein oder sogenannte Commodity Futures, die sich auf Warentermingeschäfte beziehen. Die Handelsorte sind bestimmte Börsen wie die Eurex in Stuttgart. Die Zertifikate sind in den letzten Jahren in Deutschland sehr beliebt geworden. Deutschland ist weltweit Marktführer in diesem Segment. Zuvor war man hier bezüglich der derivativen Geschäfte überwiegend zurückhaltend. Der recht komplizierte Aufbau und die vielen verschiedenen Möglichkeiten sorgten eher für eine Verunsicherung als für größere Chancen. Dies änderte sich erst dann, als die Banken begannen, die verschiedenen Möglichkeiten in interessanteren Paketen zusammenzuschnüren. Zu Beginn konnte man sogenannte Aktienanleihen erwerben. Hierbei konnte der Anleger zum Beispiel 10.000,– Euro in eine Anleihe investieren, die eine Verzinsung bot, die sehr weit über dem normalen Niveau lag. Allerdings war die Rückzahlung der Anleihe an eine Bedingung geknüpft: Die Aktie, die an die Anleihe als Basiswert gekoppelt war, durfte zum Fälligkeitszeitpunkt ein bestimmtes Niveau nicht unterschreiten. Tat sie dies doch, dann bekam der Anleger nicht sein Kapital zurück, sondern eine zuvor bestimmte Anzahl der als Basiswert genannten Aktien. Nur waren diese zum Fälligkeitszeitpunkt der Anleihe natürlich weniger wert als der eingezahlte Betrag.

Mittlerweile kann man für eine Vielzahl von Aktien und anderen Wertpapieren entsprechende Zertifikate erwerben, die auf unterschiedliche Marktentwicklungen setzen. Der entscheidende Unterschied besteht jedoch darin, dass der Anleger keinen Anteil an einem Fonds, sondern eine Schuldverschreibung des Emittenten erwirbt. Deshalb wird er auch kein Eigentümer, was für den Konkursfall desselben nicht unerhebliche Konsequenzen hat.

Dabei sind der Fantasie, den angenommenen Entwicklungen an der Börse und den Basiswerten sowie den möglichen Kombinationen keine Grenzen gesetzt. Bemerkenswert ist hier jedoch, dass seit einiger Zeit die Wertpapierbedingungen der Banken in einem bestimmten Punkt geändert worden sind: Mussten die Banken bislang einen Kundenauftrag an die Börse weiterleiten, können die Banken jetzt den Kundenauftrag auch mit dem Eigenbestand an Aktien verrechnen, wenn sie dem Kunden denselben Preis wie an der Börse zahlen. Eine Frage des Vertrauens ist es dann, inwieweit die Bank von diesem Produkt zusätzlich profitiert und ob die Beteiligung des Kunden an diesem Vorteil auch wirklich gerecht ist.

Der Vorteil für den Anleger ist aber besonders bei den Index- und Discountzertifikaten klar erkennbar: Das Risiko kann gestreut, also diversifiziert werden, da diese Zertifikate nicht nur auf einen Index abzielen, den sie direkt und kostengünstig für den Anleger abbilden. Vielmehr kann auch auf einen Korb von Aktien, den sogenannten Basket, gesetzt werden. Natürlich kann auch ein Zertifikat auf Rohstoffe oder andere Produkte gewählt werden.

Grundsätzlich gilt es zu beachten, dass die Bedingungen der einzelnen Handelshäuser für Zertifikate nicht einheitlich geregelt sind. Mehr oder weniger kann jede Bank und jedes Investmenthaus bestimmte Papiere unter individuellen Geschäftsbedingungen auf den Markt bringen. Auch die Begrifflichkeiten sind von Haus zu Haus unterschiedlich. Jeder Emittent kann sich einen neuen Begriff einfallen lassen, um gegenüber dem Mitbewerber einen Vorteil zu erzielen. Deshalb hilft hier – leider – nur eines: Genau den Emissionsprospekt lesen!

Beteiligungen 5.6

Das sogenannte private Beteiligungskapital ist ein allgemeiner Begriff für die Investition von privaten oder institutionellen Anlegern in (noch) nicht an der Börse gehandelte Unternehmen. Dabei kann man zwei Möglichkeiten unterscheiden: Die erste besteht darin, in bereits vorhandene kleine und mittelgroße Unternehmen zusätzliches Kapital zu investieren. Die zweite Möglichkeit ist, ganz neuen Unternehmen mit einer innovativen Geschäftsidee, aber ohne Kapital, beim Start zu helfen und sie finanziell auf die Beine zu stellen. Das bedeutet dann, dass die Anleger sogenanntes Wagniskapital zur Verfügung stellen, wobei dieser Begriff selbst in Deutschland in den letzten Jahren nicht mehr gebräuchlich ist. Vielmehr spricht man hier von Private-Equity-Gesellschaften oder Venture-Capital-Gesellschaften.

Der Zugang zu solchen Anlageformen war in der Vergangenheit nur Anlegern mit sehr viel Kapital möglich. Das Wagnis ist eben auch entsprechend groß und die Verlustmöglichkeiten ebenso wie die Gewinnchancen sind riesig. Man stelle sich nur vor, als Anleger hätte man die Möglichkeit gehabt, Bill Gates bei seiner Entwicklung von Microsoft oder Larry Page bei der Gründung von Google zu unterstützen. Mit einem Investment von 10.000,– Euro wäre man heute vielfacher Millionär. Es bedarf eben der richtigen Einschätzungsgabe, die wirklich chancenreichen Unternehmen von den Konkurskandidaten zu unterscheiden. Da nicht viele Menschen über diese Fähigkeit verfügen, können heute auch schon Kleinanleger mit einigen tausend Euro in Körbe von Beteiligungen investieren, die ähnlich wie ein Investmentfonds aufgebaut sind. Auch hier ist aber ein langer Atem notwendig.

Die Chance für den Anleger besteht darin, dass in diesem Korb von kleinen und mittleren Unternehmen auch diejenigen sind, die in einiger Zeit börsenreif sind und als Neuemission auf den Markt gebracht werden können. In diesem Fall ist die Gewinnaussicht wirklich riesig. Auf der anderen Seite werden in diesem Portfolio auch sicherlich Unternehmen sein, die früher oder später Konkurs anmelden müssen. Hier kann das eingesetzte Kapital dann vollständig abgeschrieben werden. Die hohen Renditeversprechen lassen sich durch die Erwartung begründen, dass die gewinnträchtigen Unternehmen in diesem Korb die Mehrheit bilden.

Tipp

Für die Anlageformen Aktien, Aktienfonds und vor allem geschlossenen Fonds sowie Beteiligungen sollte der Kleinanleger nur Kapital aufwenden, welches er nicht im Notfall für das neue Auto, die nächste Urlaubsreise oder die neue Einrichtung benötigt. Wer bei jedem kleinen Kursrutsch feuchte Hände bekommt und nachts nicht mehr schlafen kann, für den ist das nichts!

DIE BÖRSE – EIN ORT DES TEUFELS? 6

Für viele Menschen ist die Börse der Ort, der gleichbedeutend mit dem sprichwörtlichen »Buch mit sieben Siegeln« ist. Dabei ist eine Börse ein gut organisierter Marktplatz, an welchem Wertpapiere oder Güter gekauft oder verkauft werden. Die Händler, die man hier Makler nennt, handeln nicht mit Obst und Gemüse, sondern mit Anleihen, Aktien, Devisen oder anderen »Waren«. Darüber hinaus werden auch Rechte, sogenannte Derivate, hier gehandelt, die sich von den grundlegenden Geschäften ableiten. Was aber die Bedeutung der Börse betrifft, so geht diese über die eines einfachen Marktplatzes hinaus. In einer Volkswirtschaft hat sie eine zusätzliche, sehr wichtige Funktion. Sie versetzt Unternehmen in die Lage, sich über diesen Handelsplatz Kapital zu beschaffen.

Der Preis (Kurs) für die Güter wird grundsätzlich nicht von den Händlern festgesetzt, sondern dem Gleichgewicht zwischen Angebot und Nachfrage überlassen. Die Kauf- und Verkaufsaufträge nennt man Orders und es kommt nur dann zum Abschluss eines Geschäfts, wenn der Käufer mit dem Verkäufer über den Kurs eines Wertpapiers einig ist. Dieser Wertpapierhandel wird auch häufig mit dem englischen Begriff Brokerage beschrieben.

Das sind in kurzen Worten die Grundprinzipien einer Börse, die überall auf der Welt gleich sind. Ihre Geschichte geht bis in das 15. Jahrhundert zurück. Für die Herkunft des Begriffs Börse gibt es unterschiedliche Erklärungen. Einmal könnte er von dem Namen der Patrizierfamilie »van der Beurse« stammen; er könnte aber auch auf den lateinischen Begriff »bursa« zurückgehen. Weitere Deutungsversuche leiten ihn von der heute belgischen Stadt Brügge ab, wo im 15. Jahrhundert die ersten Ansätze einer Börse gegründet wurden, oder bringen ihn in Zusammenhang mit dem Namen der Familie »de Bourse« aus Brügge. Die erste richtige Börse nach unserer heutigen Vorstellung wurde im Jahre 1460 in Antwerpen gegründet. Alle Erklärungsversuche lassen aber erkennen, dass der Ursprung der Börse eindeutig in Mitteleuropa zu suchen ist. Hier haben sich Händler getroffen, um Waren aus aller Welt zu handeln, vor allem Gewürze wie zum Beispiel Pfeffer aus Indien, und später Geschäfte mit Wechseln und Aktien abzuschließen. In Deutschland entsteht die erste Börse in Augsburg im Jahre 1551, in Wien im Jahre 1771 und in der Schweiz in Genf im Jahre 1850.

6.1 Ein Markt der Begegnung

Sieht man einmal von der übergeordneten Bedeutung der Börse für die Gesamtwirtschaft ab, kann man sie durchaus als einen Markt der Begegnung bezeichnen, einem ganz normalen Wochenmarkt ähnlich. Auch an einer Wertpapierbörse gibt es Menschen, die ihrer Ansicht nach von einem bestimmten Gut zu viel besitzen und es verkaufen wollen. Anders allerdings als bei Gütern auf einem Wochenmarkt, wie Obst oder Gemüse, die nur für einen bestimmten Zeitraum handelbar sind, weil sie sonst schlecht werden, verderben Aktien in aller Regel nicht. Sie steigen und fallen im Kurs, wenn sich Menschen bereitfinden, für einen bestimmten Preis zu verkaufen oder zu kaufen. Allerdings können Aktien auch verderben, wenn sie niemand mehr haben möchte. Die Verkäufer finden dann keinen weiteren Abnehmer und sie werden im schlimmsten Fall zu null ausgebucht. Der letzte Inhaber der Papiere bleibt dann auf den Werten und natürlich auf seinen Verlusten sitzen.

Grundsätzlich bemerkenswert ist aber vor allem, dass sich auf diesem Markt Menschen treffen, die über das zu handelnde Gut völlig unterschiedlicher Auffassung sind. Der Verkäufer einer Aktie glaubt zum Beispiel, dass die Gewinnaussichten nicht mehr so rosig sind oder der Wert bereits seinen Zenit erreicht hat. Vielleicht ist er aber auch der Auffassung, dass er bereits genug an Kursverlusten hat hinnehmen müssen. Der Anleger hat sein Ziel erreicht. Ganz anders der Käufer desselben Wertes. Er glaubt, dass noch nicht alle Kurschancen erreicht sind oder der Wert so gesunken ist, dass sich ein Einstieg auf jeden Fall wieder lohnt. Kurz und gut, der Verkäufer will den Wert loswerden, der Käufer will ihn auf jeden Fall haben.

Dabei sind psychologische Faktoren auf gar keinen Fall außer Acht zu lassen. Etwas plakativ und sarkastisch formuliert, könnte man festellen, dass es im Wesentlichen nur zwei Bestimmungsfaktoren für das Handeln an der Börse gibt. Diese sind sehr menschlich, gehören aber nicht unbedingt zu den positiven Charaktereigenschaften der Spezies Mensch. Es handelt sich um die Gier und den Geiz. Die Gier prägt den Menschen auf der Suche nach höheren Gewinnen und Erlösen. Der Geiz tritt ein, weil niemand Verluste wahrhaben möchte und sich damit eingestehen müsste, dass er zum falschen Zeitpunkt in den Wert eingestiegen ist oder eine Entwicklung nicht richtig eingeschätzt hat. In vielen Gesprächen, die ich im Laufe der Jahre mit Anlegern geführt habe, ist mir eines immer wieder aufgefallen: Bei manchen Menschen setzt der »gesunde Menschenverstand« offenbar dann aus, wenn das Renditeversprechen nur möglichst hoch genug ausfällt. Am Telefon werden die waghalsigsten Geschäfte abgeschlossen. Bei Immobilienkäufen im Ausland werden wichtige Vorsichtsregeln plötzlich außer Acht gelassen. Viele Menschen lassen sich nur allzu leicht verführen und schließen Verträge ab, die sie bei näherer Betrachtung nie und nimmer eingegangen wären. Vielfach ist es beim Zeitpunkt der Einsicht aber schon zu spät und das Kapital verloren. Es trifft hier ein etwas drastischer Ausspruch zu, der unter Bankern durchaus geflügelt ist: »Gier frisst Hirn.« Er sei hier als Warnung angeführt und soll den geneigten Leser zur Vorsicht und zum Maß anhalten, wenn ihm jemand bei Finanzgeschäften das »Blaue vom Himmel« verspricht.

Angebot und Nachfrage 6.2

An einer Börse müssen sich also grundsätzlich Käufer und Verkäufer treffen. Dabei erfolgt das Treffen nicht persönlich, sondern unter Umständen mittels eines Maklers, bei dem die unterschiedlichen Interessen zusammengeführt werden. In dem sogenannten Orderbuch kann der Makler jederzeit einsehen, wie viele Menschen bereit sind, für einen bestimmten Preis einen bestimmten Wert zu kaufen oder zu verkaufen. Dieses Zusammenspiel nennt man Angebot und Nachfrage. Das Angebot an Wertpapieren ist die Verkäuferseite, die Nachfrage nach den Wertpapieren wird von den Käufern repräsentiert.

Diese beiden Interessen müssen also zusammengeführt werden. Dies kann mittels einer Präsenzbörse wie zum Beispiel der New York Stock Exchange oder dem Parketthandel der Frankfurter Börse oder aber nur noch virtuell mittels eines Computerprogramms wie dem amerikanischen NASDAQ- oder dem deutschen XETRA-Handel erfolgen.

Tipp

Selbst der deutsche Parketthandel ist mittlerweile so computergestützt, dass er für Außenstehende sehr einschläfernd wirkt, weil sich einfach nicht mehr viele Menschen bewegen. Wer einmal die Gelegenheit haben sollte, einen richtigen Parketthandel zu beobachten, der sollte sie auf jeden Fall nutzen. Die unterschiedlichen Händler, die Geräuschkulisse, das scheinbare Chaos und die rätselhaften Zeichen der Makler sind Eindrücke, die man so schnell nicht vergisst.

Zum besseren Verständnis möchte ich vorab an dieser Stelle noch zwei englische Begriffen erläutern: Bid und Ask. Der Bid-Kurs ist der Geldkurs, also derjenige, der angibt, wie viel die Anleger bereit sind, für ein Papier zu bezahlen. Bid bedeutet Angebot, in der englischen Bedeutung also Angebot zum Kauf. Der Ask-Kurs ist der Briefkurs, für den die Verkäufer bereit sind, ihre Wertpapiere zu verkaufen. Ask bedeutet hier dann die Anfrage oder das Preisangebot. Die englischen Bezeichnungen sind für das deutsche Verständnis etwas missverständlich. Als eine mögliche Gedächtnisstütze kann man sich das folgende Bild vor Augen halten: Beim Ask-Kurs, dem Briefkurs, wedeln die Verkäufer mit ihren Briefen (den Wertpapieren), weil sie sie verkaufen wollen.

Beide Vertragspartner können ein Limit für ihren Kauf oder Verkauf festlegen. Ein Käufer, der für eine Aktie 34,90 Euro zu zahlen bereit ist, wird diese nur dann bekommen, wenn ein Verkäufer für genau diesen oder einen darunter liegenden Kurs auch verkaufen möchte. Ein Verkäufer, der für eine Aktie 40,50 Euro haben möchte, wird auch mindestens diesen Erlös erhalten, wenn ein Käufer diesen oder einen höheren Preis zahlen will.

Natürlich können Käufer und Verkäufer auch einen Auftrag unlimitiert in den Markt geben. Der Käufer möchte dann möglichst günstig, also »billigst« erwerben, der Verkäufer einen möglichst hohen Preis erzielen, also »bestens« verkaufen.

Tipp

Vorsicht bei unlimitierten Aufträgen: Bei Wertpapieren, die nicht oft gehandelt werden, können solche Aufträge eine fatale Entwicklung nehmen. Trifft eine unlimitierte Kauforder auf eine limitierte Verkaufsorder, muss der Käufer zahlen, unabhängig davon, ob der Preis zu hoch war oder nicht. Umgekehrt genauso: Trifft eine unlimitierte Verkaufsorder auf eine limitierte Kauforder, so muss der Verkäufer auch einen vielleicht zu niedrigen Preis akzeptieren.

Berechenbarkeit der Preise 6.3

Natürlich sind die Orderbücher für den »normalen« Kunden nicht einsehbar. Leider haben auch die regionalen Börsen den Einblick in die Orderbücher wieder abgeschafft. Dafür wird ihnen eine »best execution« ihrer Order garantiert. Das bedeutet, dass der Käufer immer den günstigsten und der Verkäufer immer den besten Preis bekommt, der in der jeweiligen Situation am Markt erzielt werden kann. Der Konkurrenzkampf zum Beispiel der nationalen Börsen in Deutschland sollte aber dazu führen, dass sich der interessierte Anleger ein möglichst genaues Bild über die Marktlage machen kann. Im Internet kann man zum Beispiel relativ unproblematisch den Kursverlauf bestimmter Aktien verfolgen und dabei durchaus auch einmal ein »Schnäppchen« machen. Man sieht genau, wie viele Aktien zu welchem Preis angeboten oder nachgefragt werden. Das gilt allerdings nur für die Standardwerte und auch nur an den großen Börsen, weil der Kunde genau sehen kann, wie viele Aktien zu welchem Preis nachgefragt oder angeboten werden. Daraus kann der Kunde erkennen, wie sich das Spiel von Angebot und Nachfrage darstellt und wie groß die Preisspanne ist. Je offener die Markttransparenz, desto besser für den Kunden. Vielfach ist aber die Berechenbarkeit der Preise überhaupt nicht gegeben.

Im Geschäft mit den sogenannten Derivaten gibt es viele unterschiedliche Möglichkeiten, wie sich der Preis für ein Papier bilden kann. Dies sei am Beispiel der sogenannten Optionsscheine hier näher erläutert. Mit Hilfe dieser Papiere kann der Kunde auf die Entwicklung eines steigenden oder fallenden Marktes spekulieren. Dabei muss der Käufer dieser Papiere das

Produkt oder die »Wette« nicht selbst entwickeln, sondern ihm wird von unterschiedlichen Banken und Gesellschaften quasi ein fertiges Produkt geliefert. Er muss nur noch entscheiden, ob er das Produkt kaufen will oder nicht. Dabei sind die Bedingungen nicht einheitlich geregelt, sondern sie können von Anbieter zu Anbieter stark variieren. Solange der Kunde kauft, ist alles in Ordnung. Der Verkäufer, also die Bank oder der Händler, hat das Geschäft ja schon gemacht. Spannend wird die Angelegenheit dann, wenn der Käufer den Optionsschein wieder verkaufen will. Ist der Kurs gestiegen, so muss er als Verkäufer ja auch einen neuen Partner für den Handel finden. Ist aber niemand bereit, den gestiegenen Kurs für das Papier zu zahlen, dann nützt die häufig fiktive Preisangabe für das Papier überhaupt nichts. In diesen Fällen hängt dann alles entscheidend davon ab, wie sich die Bank oder der Händler verhält.

Absolut fair ist es dann, wenn die Bank selbst zu dem gestellten Preis das eigene Papier abnimmt. Vielfach wird aber diese Market-Maker-Funktion nur sehr stiefmütterlich wahrgenommen. Der Anleger ist dann dem Spiel der Marktkräfte mehr oder weniger schutzlos ausgeliefert und muss einen Preis akzeptieren, der ihm vom Makler gestellt wird. Ob dieser wirklich mit den Marktbedingungen übereinstimmt, kann er allerdings nicht überprüfen.

Natürlich haben die beteiligten Unternehmen immer auch ein originäres Interesse daran, möglichst gut beurteilt zu werden. Ist der Ruf als Händler oder Anbieter von Optionsscheinen erst einmal ruiniert, wird sich das sehr schnell herumsprechen. Niemand will dann anschließend die Produkte dieser Häuser mehr haben. Zudem gibt es Börsenaufsichtssysteme, sodass die erwähnten negativen Auswüchse eigentlich nicht passieren dürften. Auf Aktionärstreffen und bei Fortbildungsveranstaltungen sind aber immer wieder Klagen zu vernehmen, dass die Kunden sich über gestellte Kurse ärgern und damit unzufrieden sind. Das betrifft vor allem die Bereiche des Online-Handels bei Direktbanken. In Zeiten hohen Orderaufkommens kann es schon vorkommen, dass die Handelssysteme überlastet sind und man nicht rechtzeitig die eigenen Orders an den Markt bringen kann. Geschwindigkeit ist aber gerade dann entscheidend, denn die Geschäfte werden im Bruchteil einer Sekunde vorgenommen und die Preisunterschiede können riesig sein.

Betrug und Manipulation? 6.4

Natürlich ist auch eine Aktiengesellschaft nicht vor betrügerischen oder manipulatorischen Handlungen der Beschäftigten gefeit. Sei es der Kassierer, der ab und an in die Kasse greift, oder der Vorstandsvorsitzende, der sich mehr oder weniger schamlos am Vermögen des Unternehmens bedient. Diese Handlungsweisen sind jedoch geradezu harmlos im Vergleich zu dem, was die Aktionäre in den letzen Jahren bei manchen Unternehmen zur Kenntnis nehmen mussten.

Beispiel Enron: Bis in den Herbst 2001 galt Enron als größter Gashändler in den USA und Großbritannien. Im Oktober 2001 leitete die amerikanische Börsenaufsicht SEC Voruntersuchungen ein, in deren Verlauf sich herausstellte, dass das Unternehmen die Gewinne in den Vorjahren um rund 1,2 Milliarden US-Dollar zu hoch ausgewiesen hatte. Anfang Dezember 2001 ging das Unternehmen in Konkurs und meldete Insolvenz an. Die Aktie wurde im Januar 2002 vom Handel ausgesetzt. Die Manager hatten sich kurz vor der Pleite noch kräftig am »Vermögen« der Gesellschaft bedient. Durch aktive Bilanzfälschungen und Manipulationen hatten die verantwortlichen Leiter in betrügerischer Absicht eine Unternehmensstärke herausstellen wollen, die nicht bestand. Besonders schlimm ist ein solcher Zusammenbruch vor allem für die Menschen, die sich voll und ganz auf »ihr« Unternehmen verlassen haben. Nicht nur, dass sie ihr Geld in die Aktien gesteckt haben, um eine höhere Rendite zu erzielen, vielfach haben sie auch ihre Altersvorsorge auf das Unternehmen abgestellt. Sie verlieren somit auf einen Schlag alles: den Arbeitsplatz, das komplette Vermögen und die Altersvorsorge in Form der Beteiligungen. Sie stehen dann buchstäblich vor dem absoluten Nichts.

Beispiel Worldcom: Nach Bilanzfälschungen und einem rasanten Aktienkursrutsch musste der Telekommunikationskonzern im Juli 2002 Insolvenz anmelden. Es ist die bis dahin größte Pleite in der amerikanischen Wirtschaftsgeschichte. Über 40 Milliarden US-Dollar Schulden hatte der Konzern in den Vorjahren angehäuft. Der eigentliche Auslöser war eine Bilanzmanipulation in Höhe von rund 4 Milliarden US-Dollar. Zehntausende von Arbeitnehmern verloren ihren Arbeitsplatz. Die Gläubiger haben insgesamt rund 190 Milliarden US-Dollar eingebüßt. Der ehemalige Chef des Konzerns, Bernard Ebbers, wurde im Juni 2005 von einem Gericht in New York wegen Bilanzfälschung zu 25 Jahren Gefängnis verurteilt.

Das sind aber nur die Ereignisse, die bekannt wurden. Die Finanzkrise, die seit 2007 die Kapitalmärkte weltweit in Aufruhr versetzt, ist uns allen bis heute gegenwärtig. Mag man den beteiligten Managern und Aufsichtsräten zugutehalten, dass sie nicht mit Vorsatz gehandelt haben, als sie bei der Industriekreditbank (IKB) in Düsseldorf, den Landesbanken und bei vielen anderen Geldinstituten das Geld der Anleger und nicht zuletzt des Steuerzahlers in den sprichwörtlichen Sand gesetzt haben. Gleichwohl erstaunlich, denn es hatte eigentlich niemandem, der einigermaßen regelmäßig eine Zeitung liest, entgehen können, wie es um den amerikanischen Immobilienmarkt stand. Im Grundsatz kann man auch keine Bedenken dagegen haben, dass die Forderungen gegen Immobilienerwerber zusammengefasst und »verbrieft« werden. Das Kreditrisiko wird verteilt und viele Menschen könnten davon profitieren, dass die Banken eine größere Liquidität aufweisen und mehr und vor allem auch preiswertere Kredite vergeben können. Nur leider sollte man dieses Spiel nicht übertreiben und sich an grundsätzliche Regeln halten.

Wenn die beteiligten Banken die Kredite immer wieder erneut verbriefen und neue Pakete zusammenschnüren, um diese zu verkaufen, hat dies zunächst für die Banken einen entscheidenden Vorteil. Sie haben die Kredite aus den Büchern. Sie verlieren dadurch aber auch ihr Eigeninteresse, sich darum zu kümmern, dass die Kreditnehmer ihre Schulden bezahlen. Gleichzeitig sind sie aber die Einzigen, die überhaupt Kontakt zu den Kunden haben. Sobald die Kreditnehmer aber ihre Kredite nicht mehr bezahlen können, bricht das »Kartenhaus« zusammen und die Verbriefung verliert ihre Basis.

Was im Frühjahr 2007 begann, erinnert an umfallende Dominosteine und niemand kann die Kettenreaktion wirklich aufhalten. Es ist sicherlich nicht Betrug oder Manipulation im eigentlichen Sinn. Nicht zuletzt haben die beteiligten Banken in den Jahren zuvor prächtig Geld mit diesem System verdient. Die Provisionen flossen reichlich und von Jahr zu Jahr stiegen die Gewinne. Aber niemand schaute so richtig hin. Die Gewinnaussichten waren auf Sand gebaut und die Verbriefung war im übertragenen Sinn nicht mehr als ein potemkinsches Dorf. Die »Securisation«, die den Anschein einer sicheren Anlage, zudem noch mit einem glänzenden Rating versehen, hatte, ist plötzlich für jeden erkennbar als das, was sie von Anfang an war: ein risikoreiches Papier, mit einer hohen Verzinsung ausgestattet, das trotz des exzellenten dreifachen A-Ratings jeden hätte stutzig werden lassen müssen. Die Betonung liegt hier auf müssen. Aber niemand hat nachgefragt, alle haben sich über die Gewinne gefreut und nachgerechnet hat keiner.

Diese Handlungsweise kann man im Nachhinein nur als grob fahrlässig bezeichnen. Bezahlen muss es der Steuerzahler. Entweder direkt über die Zuwendungen des Staates, die er ja aus Krediten finanziert, weil er das Kapital nicht hat. Dieses fehlt dann natürlich an anderen Stellen. Oder aber dadurch, dass durch die Beiträge der beteiligten Großbanken deren Gewinne sinken. Niedrigere Gewinne bedeuten weniger Steuereinnahmen! Wer bezahlt? Der Steuerzahler! Noch schlimmer ist es bei den Sparkassen. Diese müssen durch Pflichtbeiträge ihren maroden Landesbanken finanziell wieder auf die Beine helfen. Letztlich fehlen ihnen dann die Gewinne und die Orts- oder Kreissparkassen können dann weniger an Wohltaten an Vereine oder Institutionen ausschütten. Auch das merken die Menschen in den Kommunen deutlich. Am Ende bezahlt es also der kleine Mann, ob er beteiligt ist oder nicht. Dann ist es nur allzu verständlich, dass sich der so betrogene Bürger immer mehr die Frage stellt, was mit seinem Geld überhaupt geschieht. Und der engagierte Anleger will wissen, was die Unternehmen mit seinem Geld anstellen. Wer ist der Nutznießer der Anlage? Für welche Zwecke wird das Geld verwandt und schließlich die entscheidende Frage: Ist der Anleger mit dieser Verwendung einverstanden? Ist diese Verwendung in seinem Sinn oder missbilligt er diese vielleicht sogar ausdrücklich?

Wo geht mein Geld überhaupt hin? 6.5

Bei der Klärung dieser Frage will ich von einer grundlegenden Überlegung der allgemeinen Betriebswirtschaft ausgehen. Wenn etwas produktiv sein soll, dann muss das, was rauskommt, größer sein als das, was reinkommt. Die Formel für Produktivität lässt sich recht einfach darstellen:

$$\text{Produktivität} = \frac{\text{Ausbringungsmenge}}{\text{Einsatzmenge}} = \frac{\text{output}}{\text{input}}$$

Das, was reinkommt, sind die sogenannten Produktionsfaktoren. Dazu gehört zum einen die Arbeit, die in Form von Planung, Organisation und Unternehmensführung aufgewendet wird. Zum anderen versteht man hier aber auch die direkte Arbeit am Produkt. Dazu kommen noch die Faktoren der Betriebsmittel, also die Grundstücke, Gebäude und die Maschinen sowie die finanziellen Mittel. Außerdem die Werkstoffe, die zur Erstellung des Endprodukts direkt notwendig sind. Das sind die Rohstoffe, die Hilfsstoffe und die vorgefertigten Halb- und Fertigerzeugnisse. Man überlege sich nur, was alles notwendig ist, um ein fahrbereites Auto herzustellen, und dass die unterschiedlichen Teile wie etwa Motor, Getriebe, Sitze, Karosserieteile aus aller Herren Länder kommen. Ein Automobilhersteller beispielsweise macht nur dann Gewinn und ist dementsprechend erfolgreich, wenn er das fertige Auto für einen höheren Preis verkaufen kann, als die einzelnen Produktionsfaktoren gekostet haben. Er erzielt einen Mehrwert in Form von Geld, den Gewinn.

So weit, so gut. In Bezug auf die Börse stellt sich im Folgenden aber die Frage, ob man die Börse auch als einen produktiven Ort bezeichnen kann. Wird dort überhaupt etwas produziert? Was stellt den sogenannten Mehrwert dar? Wer bekommt das Geld, welches Käufer und Verkäufer am Markt umsetzen? Viele Kunden glauben, wenn sie eine Aktie kaufen, dann kommt das Geld direkt dem Unternehmen zugute. Das ist aber nur in den seltensten Fällen so. Bei einem normalen Kauf einer Aktie an der Börse einigen sich der Käufer und der Verkäufer. Dieser muss aber nicht das Unternehmen sein, auf welches sich die Aktie bezieht. Vielmehr kommt der Erlös aus dem Verkauf der Aktie direkt dem Verkäufer zu und niemandem sonst.

Das Unternehmen selbst profitiert nur in wenigen Fällen vom Verkauf der eigenen Aktien, wie zum Beispiel bei einer Neuemission. In diesen Fällen haben sich die ursprünglichen Eigentümer der Aktiengesellschaft entschlossen, das Unternehmen zu einem Teil einem größeren Publikum zum Kauf anzubieten. Das Unternehmen ist gewachsen, benötigt mehr Geld. Soweit sich die Altaktionäre nicht entschließen, die eigenen Aktien zu Geld zu machen und den Rest ihrer Tage auf irgendeiner Jacht zuzubringen, wird das erlöste Kapital häufig zur Expansion und zur Erhöhung der Produktivität des Unternehmens eingesetzt.

So auch bei einer Kapitalerhöhung einer Gesellschaft, deren Aktien schon an der Börse gehandelt werden. Hier benötigt das Unternehmen aus bestimmten Gründen weiteres Kapital, um besser wachsen zu können oder die eigenen Aktien einem breiteren Publikum zugänglich zu machen. Den alten bisherigen Aktionären wird ein Bezugsrecht eingeräumt und sie können die neuen Aktien direkt vom Unternehmen erwerben. Auch in diesem Fall kommt das Kapital direkt der Aktiengesellschaft zu.

Soweit das Unternehmen noch eigene Aktien im Bestand hat und die Hauptversammlung den Vorstand in die Lage versetzt hat, diese Aktien dem Markt zuzuführen, können diese Aktien ebenfalls nach und nach dem Markt zur Verfügung gestellt werden. Auch in diesem Fall profitiert das Unternehmen direkt von einem Anstieg der Börsenkurse, weil ein höherer Preis erzielt werden kann.

In allen anderen Fällen hat das Unternehmen nichts mehr mit den höheren oder niedrigeren Kursen an der Börse zu tun. Es profitiert indirekt an einer guten Entwicklung, da es gut für das Renommee ist und das Unternehmen insgesamt gut dasteht. Der Verkaufserlös während des ständigen Handels geht aber am Unternehmen vorbei. Auch darauf, ob der einzelne Aktionär mit dem durch die Aktien erwirtschafteten Gewinn »im Sinne« der dem Produkt zugrunde liegenden Firmenphilosophie umgeht, haben die Unternehmen keinen Einfluss. Das ist häufig das Problem bei nachhaltigen Geldanlagen. Es ist denkbar, dass ein Aktionär beispielsweise überproportional von einer Solaraktie profitiert hat. Er kauft den Wert für 10,– Euro und verkauft ihn für 100,– Euro, kann über den Gewinn nach Abzug der eventuellen Steuern frei verfügen und kauft sich vom Erlös einen schnellen Sportwagen, der mehr CO_2 ausstößt, als er mit den Solaraktien geholfen hat einzusparen. Sind die Aktien einmal am Markt, kann der jeweilige Eigentümer damit machen, was er will.

Inwieweit aber wird an der Börse überhaupt Kapital verdient? Ein Kursanstieg ist nur dann realisiert, wenn der Verkäufer für den höheren Kurs der Aktie auch wirklich einen Käufer findet. Solange der Verkäufer den (fiktiven) Gewinn nur in den Büchern hat, kann sich dieser Erlös von einer Sekunde zur anderen in Luft auflösen. Ich habe in den letzten Jahren immer wieder Kunden gehabt, die sich immer höhere Ziele gesetzt haben, ohne sich selbst zu begnügen, und die dann irgendwann den drastisch sinkenden Krisen hinterhergelaufen sind. Es hat noch niemandem geschadet, rechtzeitig Gewinne mitzunehmen. Das ist ebenso eine Binsenweisheit wie die Feststellung des bei Börsianern durchaus beliebten Witzes: Bei einem Crash, also einem starken Kursabfall, erzählt man sich nur wenig tröstend: »Dein Geld ist ja nicht weg. Das hat jetzt einfach jemand anders.«

Das ist zwar scherzhaft gemeint, aber entspricht der Wahrheit. Die Summe des eingesetzten und des erzielten Kapitals ist meines Erachtens immer null. An der Börse wird kein Mehrwert geschaffen. Wir haben ein bestimmtes Produkt, also zum Beispiel eine Aktie, der ein gewisser Wert beigemessen wird. Dieser kann steigen oder sinken. Der letzte Inhaber wird aber nur dann einen Gewinn machen, wenn er wiederum einen neuen Käufer findet. Ist das nicht der Fall, kann er die Aktie nicht wieder zu Geld machen. Im ungünstigsten Fall wird sie wertlos, wie wir in den letzten Jahren an einigen Beispielen immer wieder feststellen mussten. Für Aktien der schon genannten Gesellschaften Enron oder Worldcom haben die Aktionäre so gut wie nichts mehr bekommen.

Das ist dann nichts anderes als eine gigantische Geldvernichtung. Wirklich nicht zu beneiden sind diejenigen, die ihre Altersvorsorge als Angestellte fast zu 100 Prozent auf solchen Werten aufgebaut haben. Sie verlieren ihren Arbeitsplatz, ihre Lebensgrundlage und die kompletten Rücklagen für das Alter. Leider passieren solche Ereignisse immer wieder. Von Nachhaltigkeit kann hier dann nicht mehr die Rede sein – weder im ökonomischen Sinn und schon gar nicht im Sinne eines schonungsvollen Umgangs mit natürlichen Ressourcen.

ETHISCHE INVESTMENTS 7

Geschichte der Nachhaltigkeit 7.1

Die »Problematik« von Nachhaltigkeit beginnt bereits bei dem Versuch, diesen Begriff näher zu erklären. Im allgemeinen Sprachgebrauch versteht man unter »nachhaltig« anhaltend, intensiv oder fortwährend. Für den Bereich des Investments greifen diese Beschreibungen allerdings zu kurz, will man den Begriff wirklich verstehen. Auch der manchmal hilfreiche Weg über die Fremdsprache nützt hier nur bedingt. Der englische Begriff »sustainability« ist nicht nur ein Zungenbrecher, sondern er bleibt zudem fast ebenso offen und ungenau wie im Deutschen. Doch bedeutet der Begriff ins Deutsche übersetzt auch Zukunftsfähigkeit und weist damit grundsätzlich in die richtige Richtung. Es stellt sich also die Frage, was Nachhaltigkeit bedeutet und welche Entwicklung dieser Begriff genommen hat. Interessant ist auch zu sehen, welche Ereignisse dazu geführt haben, dass dieser Begriff in heutiger Zeit derart stark ins Bewusstsein gerückt ist. Bleibt für den Kunden noch zu klären, wie der Anleger überhaupt feststellen kann, was nachhaltig ist und was nicht.

So unscharf der Begriff der Nachhaltigkeit heute ist, so klar umrissen war er in früheren Zeiten. Nachhaltigkeit ist nämlich keine neue Erfindung, sondern schon mehr als 250 Jahre alt. Die Ursprünge liegen in der preußischen Forstwirtschaft des 18. Jahrhunderts. Die zunächst recht üppig vorhandenen Wälder wurden für eine vielfältige Nutzung einfach abgeholzt. Die landwirtschaftliche Aktivität nahm zu dieser Zeit generell zu, sodass immer größere Waldgebiete zu Ackerland gemacht wurden. Zudem benötigte man im Zeitalter der beginnenden Industrialisierung viel Brennmaterial zum Befeuern der Öfen. Außerdem gab es in diesen Zeiten eine blühende Bergwerksindustrie zur Förderung von Silber. Viele Bergwerke mussten einfach schließen, weil die Holzbohlen zum Abstützen der Stollen fehlten.

Die Holzbestände wurden immer knapper und es begann ein Umdenken in der Bewirtschaftung, der Beginn der Nachhaltigkeit. Nachhaltige Forstwirtschaft sollte dann in Zukunft zwar einen möglichst hohen, aber auch dauerhaften Holzertrag bedeuten. Dafür durfte dann in jedem Jahr nicht mehr Holz geschlagen werden, als auf natürliche Weise nachwuchs.

Diesen Gedanken der nachhaltigen Bewirtschaftung nahm dann die Umweltbewegung in den späten sechziger und zu Beginn der siebziger Jahre des letzten Jahrhunderts auf. »Die Grenzen des Wachstums« lautet ein berühmter Bericht des Club of Rome, nachdem im Jahre 1972 die erste UN-Umweltkonferenz in Stockholm stattgefunden hatte. Natürlich kommen uns viele der damals auf Computersimulationen beruhenden Annahmen heute anachronistisch vor. Zum Beispiel ging man damals aufgrund der Umweltentwicklung noch von einer neuen Eiszeit aus. Andere Gedanken sind aber heute noch aktuell und haben in Al Gores Film »Eine unbequeme Wahrheit« längst Einzug in die Allgemeinbildung gehalten.

Einen wichtigen Fortschritt in der begrifflichen Darstellung brachte dann die Brundtland-Kommission im Jahre 1983. Diese unter dem Vorsitz der norwegischen Ministerpräsidentin Gro Brundtland tagende UN-Kommission setzte mit der Vorlage eines Berichts über Umwelt und Entwicklung einen weiteren Meilenstein. Die hochkarätig besetzte Kommission prägte den Begriff »Sustainable Development« für »eine Entwicklung, die die Bedürfnisse der Gegenwart befriedigt, ohne zu riskieren, dass künftige Generationen ihre eigenen Bedürfnisse nicht befriedigen können«. In der deutschen Ausgabe des Berichts war dann von einer »dauerhaften Entwicklung« als Übersetzung von »Sustainable Development« die Rede.

Vor allem haben aber auch die von Menschenhand verursachten Katastrophen dazu geführt, das Bewusstsein um einen nachhaltigen, besseren und bewussteren Umgang mit den natürlichen Ressourcen zu fördern. Folgende Ereignisse sind eindeutig als »negative« Meilensteine zu nennen:

- 10. Juli 1976: In der Ortschaft Seveso, circa 30 Kilometer von Mailand entfernt, entwich aus dem Reaktor einer Chemiefirma das extrem giftige Dioxin. Hunderttausende Menschen wurden gesundheitlich geschädigt, ein ganzer Landstrich musste entgiftet werden. Die Natur hat sich bis heute nicht erholt.
- 3. Dezember 1984: Im indischen Bhopal explodierte aufgrund mehrerer

unglücklicher Pannen ein Chemietank. Mehrere Tonnen extrem giftiger Stoffe gelangten in die Atmosphäre. Tausende Menschen starben an den unmittelbaren Folgen.

- 26. April 1986: Im Atomkraftwerk Tschernobyl in der Ukraine explodierte der Kraftwerksblock IV. Dieser nicht für möglich gehaltene GAU (größter anzunehmender Unfall) verseuchte weite Landstriche in Europa. Die Zahl der unmittelbaren und mittelbaren Todesopfer steht bis heute nicht fest.
- 1. November 1986: In einem Chemiewerk der Firma Sandoz in Schweizerhalle bei Basel brach ein Brand aus. Das Chemiewerk liegt direkt am Rhein. Mit dem Löschwasser gelangten etwa 20 Tonnen giftigster Chemikalien in den Rhein. Die akute Vergiftung führte zu einem massiven Fischsterben, das sich im Fluss über Hunderte von Kilometern ausbreitete. Die Trinkwasserentnahme aus dem Rhein wurde bis in die Niederlande eingestellt.
- 24. März 1989: Der Öltanker Exxon Valdez lief voll beladen auf ein Riff im Prince William Sound vor Süd-Alaska auf. 40.000 Tonnen Rohöl liefen aus und verseuchten das empfindliche Ökosystem. Die giftigen Substanzen im Wasser und im Boden sind bis heute nicht abgebaut. Hätte das Schiff eine doppelte Außenwand gehabt, wären die Folgen weit weniger katastrophal gewesen. Als direkte Folge des Unglücks erließ die amerikanische Regierung eine Richtlinie, nach der nur noch neue, mit einer Doppelwand ausgerüstete Tanker in die US-amerikanischen Häfen einfahren dürfen.
- 1. Mai 1995: Die ausrangierte Ölplattform Brent Spa diente bis 1991 als Rohölzwischenlager. »Aus finanziellen und technischen Gründen wollte die Firma Shell den Stahlkoloss inklusive der rund 130 Tonnen Ölschlämme, Schwermetalle und radioaktiven Abfälle einfach im Meer versenken« (Quelle: Greenpeace). Nach einer beispiellosen Medienkampagne konnte der Shell-Konzern schließlich zum Einlenken bewegt werden und das riesige Ölfass wurde mitsamt der Abfälle schließlich an Land entsorgt.

Der Weg zur nachhaltigen Geldanlage 7.2

Gerade dieses letzte Ereignis ist ein Beleg dafür, dass gegen Ende der achtziger Jahre ein Umdenkprozess begann. Die Menschen in den Industrieländern lebten bewusster und nachdenklicher. Parallel zu den in allen europäischen Ländern aufkommenden »grünen Bewegungen« fingen die

Menschen auch an, über weitere Themen nachzudenken. Was passiert mit unserer Erde und wie gehen wir mit unseren Ressourcen um? Das beinhaltet auch die Fragen nach den Geldanlagen. Was passiert mit meinem Geld, welche Produkte erwerbe ich und wo beziehungsweise unter welchen Bedingungen werden sie überhaupt produziert?

Der Weg zu den nachhaltigen Geldanlagen war dann nicht mehr weit, wobei diese bis vor zehn Jahren noch in den Kinderschuhen steckten. Professor Dr. Johannes Hofmann, ehemals Sozialethiker an der Universität Frankfurt am Main, der sich schon zuvor mit dem Thema Nachhaltigkeit beschäftigte, schreibt dazu sehr anschaulich in seinem Artikel »Das Projekt Ethisch-Ökologisches Rating«. Seinen Ausführungen zufolge kamen schon in den neunziger Jahren einige pfiffige Banker auf den Gedanken, »ob man nicht mit einem nachhaltigeren Bewusstsein auch Geld verdienen könne«. Dazu müsse man aber einen Kriterienkatalog entwickeln, der es ermöglicht, die guten Investments in diesem Bereich von den schlechteren zu trennen. Die Überlegung lautete, ob nicht eine Tagung geplant werden könne, die sich mit der Frage befassen sollte, ob und auf welche Weise es möglich wäre, mit »gutem Gewissen« – das heißt auf der Basis ethischer Kriterien – am Kapitalmarkt Gewinne zu machen. Professor Hofmann entwickelte daraufhin maßgeblich den sogenannten Frankfurt-Hohenheimer Leitfaden, indem mit rund 750 Kriterien die ethisch-ökologische Bewertung von Unternehmen und Kapitalanlagen festgelegt wurde. »Ausgehend von einem erweiterten ethischen Nachhaltigkeitsbegriff basiert der Frankfurt-Hohenheimer Leitfaden auf den drei Bewertungsdimensionen Kultur-, Sozial- und Naturverträglichkeit, welche durch eine Vielzahl von Unterkriterien konkretisiert und operationalisiert werden«, so Professor Hofmann.

Ein solcher Fragenkatalog mit über 750 Kriterien ist natürlich sehr umfangreich und es bleibt fraglich, ob ein Unternehmen auch alle Fragen immer wahrheitsgemäß beantworten kann. Die Gefahr ist groß, dass er unbeantwortet in der Rundablage landet und auf Nimmerwiedersehen verschwindet.

7.3 Vorgehensweise und Analysen

Dieser Problematik haben sich einige Unternehmen angenommen und eigene, etwas reduzierte Fragebögen entwickelt, anhand derer sie die einzelnen Firmen untersuchen. So beispielsweise die oekom research AG aus

München. Das Analystenteam ist mit Fachleuten aus vielen verschiedenen Branchen besetzt. Unterstützt von einem unabhängigen Beirat und einem weltweiten Netzwerk von Umwelt- und Sozialexperten werden rund 750 mittlere und große internationale Unternehmen untersucht.

Ein weiterer deutscher Anbieter von Nachhaltigkeitsrating ist die Firma imug aus Hannover. Seit 1999 wird hier das soziale und ökologische Handeln der DAX-100-Unternehmen sowie einiger österreichischer Aktiengesellschaften untersucht. Befragt werden Unternehmen im Hinblick auf ihre sozialen Leistungen auf den Gebieten Beschäftigung, Weiterbildung, Gleichstellung und Entrepreneurship. Als deutscher Partner von Eiris (Ethical Investment Research Service, London) fließen die Daten in die internationale Datenbank ein, die insgesamt 1.500 Unternehmen weltweit umfasst.

Als weiterer Anbieter ist die scoris GmbH zu nennen, die als Mitglied der SiRi Company (Sustainable Investment Research International) ein Teil des weltweit führenden Netzwerks zu diesem Thema darstellt. Insgesamt bietet scoris ein weltweites Research zu weit über 4.000 Aktien und Anleihetiteln.

Aber nicht nur in Deutschland gibt es mittlerweile einige gute Anbieter. In der Schweiz ist als renommierter Pionier das Sustainable Asset Management (SAM) hervorzuheben. 1995 gegründet, hat sich diese Organisation vor allem durch die Lancierung des Dow-Jones-Sustainability-Index einen Namen gemacht.

7.4 Der Best-in-class-Ansatz und die Ausschlusskriterien

Den genannten Unternehmen gemeinsam ist, dass sie aus allen bedeutenden Branchen diejenigen ermitteln, die zu den Nachhaltigkeitsbesten zählen. Dies folgt dem Ansatz, dass es nahezu unmöglich ist, ein vollkommen nachhaltig handelndes Unternehmen zu finden. Wenn man aber keines findet, dass zu 100 Prozent nachhaltig ist, dann doch wenigstens eines, welches die Kriterien zu 95 oder zu 90 Prozent erfüllt. Wenn diese Daten dann noch auf die jeweilige Branche angewendet werden, kann man die guten und schlechten Firmen innerhalb eines Geschäftszweigs sehr gut voneinander unterscheiden. Dies ist dann der sogenannte Best-in-class-Ansatz.

Natürlich wird nicht nur darauf abgestellt, was die Unternehmen auf die Fragenkataloge antworten. Vielmehr werden diese Antworten mit weiteren externen Quellen, Medienanalysen und Expertenmeinungen aus unterschiedlichen Bereichen abgeglichen. Dabei werden natürlich nicht nur positive Meinungen berücksichtigt, sondern auch und gerade kritische Äußerungen beispielsweise der internationalen Arbeitsrechtsorganisation (ILO) eingearbeitet. Die Unternehmen zeigen sich aber mittlerweile ziemlich kooperativ, da ein positives Image in der Öffentlichkeit die Absatzchancen der eigenen Produkte und Dienstleistungen sehr fördert.

Darüber hinaus gibt es aber natürlich auch Kriterien, die je nach Wertigkeit und Priorität zum sofortigen Ausschluss des Unternehmens aus dem zur Verfügung stehenden Kreis der Anlagen führen kann. Dabei bleibt dann unberücksichtigt, inwieweit das jeweilige Unternehmen sonst nachhaltig tätig ist. Beispielsweise seien hier die Themen Atomenergie, Verletzung von Menschenrechten, schwerwiegende Verletzungen von Arbeitsrechtsstandards, Kinderarbeit, Tabakproduktion, Alkohol oder Pornografie genannt. Auch dieser Kriterienkatalog ist recht umfangreich, wie die nachfolgende Übersicht verdeutlicht:

Negativ- oder Ausschlusskriterien im nachhaltigen Investment

Kontroverse Geschäftsfelder	***Kontroverse Geschäftspraktiken***	***Kontroverse Aktivitäten von Ländern***
– Abtreibung – Hochprozentige Alkoholika – Atomenergie – Biozide – Chlororganische Massenprodukte – Embryonenforschung – Sucht förderndes Glücksspiel – Grüne Gentechnik – Pornografie – Rüstung – Tabakhersteller	– Arbeitsrechtsverletzungen – Kinderarbeit – Kontroverses Umweltverhalten – Menschenrechtsverletzungen – Tierversuche – Korruption – Bilanzfälschung – Kartellverstöße	– Todesstrafe – Autoritäre Regime – Atomenergie – Kein Klimaschutz – Besitz von Atomwaffen – Euthanasie – Schwere Korruption – Schwere Geldwäsche – Schwere Menschenrechtsverletzungen

Eine Quadratur des Kreises 7.5

Heute wird das nachhaltige Investment als sogenanntes Quadrat der Nachhaltigkeit dargestellt. In Anlehnung an das magischen Dreieck der Geldanlage, welches von den Parametern Sicherheit, Rendite und Liquidität bestimmt wird, kommen hier eben weitere Bedingungen zur Geltung: Es muss ein entsprechender Mehrwert in vier verschiedenen Ebenen erzielt werden. Diese vier Ebenen lauten: Ökologie, Sozialstandards, Humanität und – man nehme erfreut zur Kenntnis – sogar die Ökonomie. Es ist nämlich ein bedauernswerter Trugschluss vieler Anleger, dass ein Engagement in einem nachhaltigen Investment mit einem Renditeverzicht einhergehen muss. Vielmehr sind diese Anlagen mindestens genauso erfolgreich wie die herkömmlichen. Das liegt unter anderem daran, dass die ethischen Anlagen weniger skandalträchtig sind als andere.

Dies ist auch der entscheidende Vorteil. Zwar werden mit zunehmendem Interesse der Anleger auch schwarze Schafe angezogen, doch der Kunde kann sehr wohl selbst eine Unterscheidung treffen. Häufig hilft es schon, einfach den gesunden Menschenverstand einzuschalten. Wenn eine Empfehlung eine Verzinsung von mehr als 8 Prozent »garantiert«, dann kann man getrost die Finger davon lassen. Auch im Bereich der Nachhaltigkeit gilt, dass die Rendite nicht in den Himmel wächst. Ich gebe allerdings auch gerne zu, dass der einzelne Kunde mit einer Beurteilung der »normalen« und der »nachhaltigen« Investments oftmals überfordert sein kann. Die Problematik besteht darin, dass bei der Fülle von Informationen, die jeden Tag zur Verfügung gestellt wird, bereits die Auswahl schwierig ist. Zudem gibt es zu jeder Marktentwicklung verschiedene Meinungen von Analysten und deren Einschätzungen können dann auch recht unterschiedlich ausfallen. Der interessierte Anleger wird sich deshalb zunächst einmal selbst mit den einzelnen Anlagemöglichkeiten beschäftigen müssen. Insbesondere bei den ethischen Investments dürfte er dann aber auch auf Beratung angewiesen sein. Die Darstellung der zwei möglichen Ansätze Best-in-class und Anwendung der Ausschlusskriterien benötigt eine intensivere Auseinandersetzung. Oftmals wurden diese Informationen (noch) nicht auf dem freien Markt zur Verfügung gestellt. Natürlich ist damit ein höherer Aufwand in der Analyse der Daten verbunden, den sich die Research-Gesellschaften gut bezahlen lassen.

Soweit der Kunde also einen Berater seines Vertrauens gefunden hat, sollte er mit diesem die individuellen Ansprüche an die Geldanlage erörtern.

Grundsätzlich sollte der Berater schon über eine gewisse Expertise verfügen. Um in diesem Bereich beraten zu können, sind regelmäßige Fortbildungen notwendig. Hervorzuheben ist hier jedoch nicht nur die fachliche Qualifikation der Beratung, sondern auch ihr ethisches Fundament. Fragen Sie doch einfach bei Ihrer Hausbank nach nachhaltigen Investments. Entsprechen die Antworten nicht Ihrer Erwartung, haken Sie nach. Versucht der Berater, sich durch fadenscheinige Ausreden aus der Situation zu winden oder eigene »unethische Produkte« anzubieten, so können Sie getrost eine andere Bank aufsuchen. Auch ein Blick ins Internet gibt Auskunft und kann weiterhelfen. Eines aber ist oberste Voraussetzung für eine ethische Geldanlage: die Transparenz der Arbeitsweise all derer, die das Geld verwalten.

7.6 Ein Plädoyer für nachhaltige Anlagen

Wir brauchen über die Auswirkungen der Klimakatastrophe nicht mehr zu diskutieren. Wenn selbst im Februar im Hochschwarzwald kein Schnee mehr liegt, dann ist es eindeutig zu warm. Jedermann merkt, dass Veränderungen in der Natur vor sich gehen, die widernatürlich sind.

Die Bewahrung der Schöpfung muss eine der wesentlichen Aufgaben der Menschheit sein; heute ist sie aber mehr denn je in Gefahr. Da man die Zeit nicht einfach ein paar hundert Jahre zurückdrehen kann, müssen wir mit unseren heutigen Mitteln, mit unserem Sachverstand, mit allen uns zur Verfügung stehenden Ressourcen versuchen, eine Lösung herbeizuführen. Dabei kann es nicht im Sinne der Menschheit sein, einfach so weiterzuleben wie bisher. Die Ressourcen der Erde sind endlich. Es ist abzusehen, dass wir bald kein Rohöl mehr haben werden. Die Benzinverschwendung erreicht jedoch Ausmaße, die nicht mehr akzeptabel sind. Ein Auto kann schön sein, teuer und dem Ego seines Halters oder Fahrers zuträglich oder nicht. Wenn aber ein »Geländewagen«, der primär dazu eingesetzt wird, den Golf-Caddy zu transportieren, bei Vollgas auf der Autobahn 60 Liter auf 100 Kilometern verbraucht, dann ist der Sprit für die Fahrer derartiger Wagen noch nicht teuer genug. Es kann nicht im Sinne des Erfinders sein, dass eine – wenn auch sehr betuchte – Minderheit die Ressourcen dieser Welt einfach so verschleudert.

Da hilft es auch nur wenig weiter, wenn Benzin oder andere Betriebsstoffe aus Getreide entwickelt werden sollen. Das treibt nur die Preise für diese Nahrungsmittel noch weiter nach oben. Diejenigen, die darunter leiden, sind die Ärmsten der Armen. Unterstützungsprogramme zur Versorgung der Menschen mit Getreide mussten schon eingestellt werden, weil die Hilfsorganisationen die gestiegenen Weizenpreise nicht mehr bezahlen konnten.

So stehen die Herausforderungen für die Zukunft schon heute fest. Man muss kein Prophet sein, wenn man die Themen Energiegewinnung, Energieverbrauch, Recycling und Rohstoffaufbereitung als die Chancen der nächsten Jahre herausstellt. Die sogenannten erneuerbaren Energien werden nach und nach die fossilen Brennstoffe, vor allem Öl und Erdgas ablösen. Besonders die Sonnenenergie hat noch ein großes Wachstumspotenzial. Ich wundere mich jedoch auf Reisen in das europäische Ausland immer wieder: Gerade in den Ländern, in welchen die Sonnenstunden weitaus zahlreicher als in deutschen oder alpenländischen Breiten sind, also zum Beispiel in Italien, Spanien, Südfrankreich oder Portugal, sucht man vergeblich nach Sonnenkollektoren auf den Dächern.

Ein weiterer Mangelrohstoff der Zukunft ist eindeutig das Wasser. Schon heute trocknen ganze Meere aus, sind Landstriche durch Grenzkonflikte vom Zugang zu diesem wertvollen Nass einfach abgeschnitten. Ohne Wasser wächst kaum etwas. Wasser ist der Quell des Lebens. All diejenigen Firmen, die sich also mit Wasseraufbereitung, -entsalzung und -förderung beschäftigen, haben gute Zukunftschancen. Natürlich vorausgesetzt, dass das Management dieser Unternehmen auch die Weichen für die zukünftige Entwicklung richtig stellt. Es gibt genug Stolpersteine, die den erfolgreichen Weg in einer ökonomischen Sackgasse enden lassen könnten. Insoweit haben die verantwortlichen Manager eine große Verantwortung. Diese liegt auch darin, Risiken einzugehen, um innovative Techniken von morgen zu entwickeln. Dabei dürfen sich die Unternehmen nicht von Rückschlägen entmutigen oder gar von der Macht des Geldes blenden lassen. Verantwortung besteht nämlich nicht zuletzt darin, der Versuchung zu widerstehen, das Unternehmen an den Meistbietenden zu verkaufen und das risikoreiche Unternehmertum mit dem bequemen Leben an irgendeinem sonnigen Platz auf dieser Welt zu tauschen. Viel zu oft schon wurden erfolgreiche, zukunftsorientierte Unternehmen einfach aufgekauft, die Technologien eingemottet, um den Großkonzernen von heute auch die Marktmacht der Zukunft zu sichern.

Erfreulicherweise ist die Zahl der nachhaltigen Investmentfonds im deutschsprachigen Raum auf mehr als 180 mit einem Volumen von rund 27

Milliarden Euro angewachsen. Diese Entwicklung ist erfreulich und das Anwachsen der Volumina ein Zeichen für das Interesse der Anleger. Doch ist auch hier die Börsenflaute nicht spurlos vorübergegangen. Gegen Ende des Jahres 2007 betrug das Volumen noch rund 33,6 Milliarden Euro. Aber die Top-Fonds der Branche haben nur im einstelligen Prozentbereich verloren und schnitten damit im langfristigen Vergleich besser ab als konventionelle Aktienanlagen.

Auch der erfolgreichste Nachhaltigkeitsindex (NAI) der Welt, der deutsche Naturaktienindex, spiegelt den grundsätzlichen Erfolg wider. Der NAI legt sehr strenge Kriterien an und wurde im Jahre 1997 aufgelegt. In den vergangenen elf Jahren seines Bestehens hat er immerhin seinen Wert um fast 450 Prozent gesteigert. Er ist damit der Spitzenreiter. Doch die Anleger sollten sich nicht nur über die Gewinne freuen, sondern auch über die Möglichkeiten, auf ökologische und ökonomische Entwicklungen in den Unternehmen Einfluss nehmen zu können.

7.7 Verantwortung wahrnehmen

Die Verantwortung für ein Unternehmen trifft nicht nur die Manager in den Unternehmen, sondern die Eigentümer »in jeder Position«. Solange der ursprüngliche Gründer der Firma noch die Unternehmensmacht in Händen hält, so lange hat er auch ein originäres individuelles Interesse daran, sein Unternehmen nach vorne zu bringen, weiter innovative Techniken zu entwickeln und einen wirklichen Fortschritt zu erreichen. Sobald diese Firmengründer jedoch die Verantwortung in ihrem Unternehmen an Manager abgeben, die nicht mehr völlig hinter der ursprünglichen Gründungsidee stehen, tritt eine neue Phase ein. Die neuen Vorstände oder Manager sind auch »nur« Angestellte der Unternehmen und im Wesentlichen austauschbar. Die jeweils modernen Managementphilosophien kommen unabhängig vom jeweiligen Unternehmenszweck zum Tragen. Es ist egal, in welcher Branche die Firma tätig ist. Jedes Unternehmen wird der herrschenden Meinung der Unternehmensberatungen unterworfen. Was das Unternehmen tut, was es herstellt, wie es sich am Markt darstellt oder vor allem, wie viele Mitarbeiter es beschäftigt, wird spätestens dann nur noch der Gewinnmaximierung unterworfen sein.

Aber auch der einzelne Aktionär ist Eigentümer und sollte sich der daraus resultierenden Verpflichtung bewusst sein und sich adäquat verhalten. Dazu gehört, sich um sein Eigentum zu kümmern und sich damit auseinanderzusetzen. Ein sehr wichtiger Punkt ist die Teilnahme an einer Hauptversammlung. Hier kann der Aktionär aus erster Hand erfahren, was mit dem Unternehmen im vergangenen Jahr passiert ist. Auch die Planungen für die nähere Zukunft und die Festlegung der Strategien für die nächsten Jahre sind Dinge, die auf einer Hauptversammlung behandelt werden. Leider ist es aber so, dass die Präsenz, also die Anwesenheit des stimmberechtigten Kapitals auf einer Hauptversammlung, seit Jahren rückläufig ist.

Einer der Gründe liegt darin, dass in früheren Zeiten viel weniger Aktien im Streubesitz waren. Die Banken und Versicherungen, die ganze Pakete von Aktien für ihre Kunden verwalteten, vertraten diese Kunden dann auch in der Hauptversammlung. Damit konnten sie also für einen hohen Prozentsatz der Präsenz der Eigentümer auf der Hauptversammlung sorgen. Dazu zählt auch, dass der Gesetzgeber das sogenannte Depotstimmrecht schon im Jahre 1994 eingeschränkt hat. Damit konnte der Depotkontoinhaber recht einfach seine Stimmrechte auf das kontoführende Institut übertragen.

Zudem ist es für den Aktionär oft nicht einfach, seine Verantwortung wahrzunehmen. Vielfach hat er nur einen kleinen Anteil am Unternehmen und es ist mühsam, in die Orte der Hauptversammlungen zu fahren, die ja über ganz Deutschland verteilt sind. Es ist mit Kosten verbunden und – das muss man leider eingestehen – besonders unterhaltsam sind die Veranstaltungen auch nicht gerade. Sie dauern vor allem lange. Je nach Programm und Größe der Gesellschaft kann so eine Hauptversammlung auch schon mal einen ganzen Tag dauern. Zwar werden die Aktionäre auch verpflegt, aber viel mehr als Kartoffelsalat und heiße Würstchen gibt es meist nicht.

Auch ist es nicht jedermanns Sache, einfach aufzustehen und in einer großen Halle mit manchmal mehreren tausend Zuhörern das Wort zu ergreifen und kritische Fragen an den Vorstand oder den Aufsichtsrat zu richten. Viele Anleger fragen sich dann voller Zweifel, was denn der kleine Anleger schon bewegen könne, er sei ja doch nur ein kleines »Sandkorn in der Wüste«; und sie hoffen, dass die Manager es schon richten werden. Wenn man aber bedenkt, dass bei den Hauptversammlungen der großen DAX-Unternehmen häufig kaum mehr als 40 Prozent des gezeichneten Kapitals anwesend sind, dann ist das mehr als bedenklich. Dadurch steigt die Gefahr, dass es zu Zufallsentscheidungen kommt, die unter Umständen direkt gegen die Interessen der Kleinaktionäre gerichtet sein können.

7.8 Möglichkeiten der Einflussnahme

Getreu dem alten Grundsatz, dass sich auch der größte Ozean aus vielen kleinen Wassertropfen zusammensetzt, gibt es viele Einrichtungen, die dem Kleinaktionär die Möglichkeit geben möchten, sich mit seinem Kapital auch auf der Hauptversammlung eines großen Unternehmens wiederzufinden. Schon Konfuzius stellte fest, dass der Mann, der einen Berg versetzt hat, mit einem Kieselstein angefangen hat.

Gerade im Hinblick auf die Notwendigkeit von »Veränderung in den Köpfen« ist eine größere Präsenz des stimmberechtigten Kapitals auf den Hauptversammlungen dringend erforderlich. Will man das Ziel einer nachhaltigeren Vorgehensweise bei den Unternehmen erreichen, muss man dieses auch laut artikulieren. Solange aber eine Mehrheit, die zwar das Prinzip der Nachhaltigkeit verwirklicht sehen will, dieses nicht kundtut, sondern schweigt, wird sie sich der Meinung Andersdenkender beugen müssen, die sich klar und deutlich eine Stimme verschaffen – auch wenn diese in der Minderheit sind.

Die Unternehmen selbst haben ein Interesse daran, dass möglichst viele Stimmrechte auf der Hauptversammlung vertreten sind. Deshalb betreiben die Unternehmen eigene Kampagnen, um die Anleger zur Stimmrechtsabgabe zu bewegen. Alle wichtigen Fragen zu den Hauptversammlungen, den unterschiedlichen Anträgen und den Empfehlungen zur Stimmabgabe sind im Internet auf den Seiten der jeweiligen Unternehmen genannt. Dies beinhaltet natürlich auch die Termine der Hauptversammlungen und die Orte, an denen sie stattfinden werden. Mit Ablauf der aktuellen Hauptversammlung sind dann zumeist auch die Daten für das nächste Jahr schon bekannt. Es gibt also eine Vorlaufzeit von rund einem Jahr!

Information

Die Aktionäre können aber auch direkt Einfluss nehmen:

– Alle großen Unternehmen haben längst die Möglichkeit eingerichtet, dass die Aktionäre im Vorfeld der Hauptversammlung ihre Stimme im Internet abgeben können. Das beschneidet natürlich die Möglichkeit, seine Meinung zu ändern oder auf sehr aktuelle Entwicklungen am Ort des Geschehens aktuell zu reagieren, aber es ist besser als nichts.

– Der Aktionär kann seiner Bank nach wie vor einen Auftrag erteilen, muss diesen aber genau erläutern und kann nicht mehr pauschal einen Auftrag zur Stimmrechtswahrnehmung erteilen. Vielmehr muss er für jeden Tagesordnungspunkt eine genaue Weisung erteilen. Das ist aufwendig für alle Beteiligten, aber der Aktionär ist vertreten.

– Es gibt eine ganze Reihe von Institutionen, die für den Aktionär die Stimmrechte wahrnehmen, so zum Beispiel die Schutzvereinigung Deutscher Wertpapierbesitz e. V. oder die Schutzgemeinschaft der Kapitalanleger.

Darüber hinaus haben sich in den letzten Jahren Interessenvertretungen entwickelt, die ein besonderes Augenmerk auf den nachhaltigen Charakter der Geldanlage richten und die sozialen, ethischen und ökologischen Aspekte des Handelns der Manager und der Unternehmen überprüfen möchten. Diese sind in dem in Köln ansässigen Dachverband der Kritischen Aktionärinnen und Aktionäre zusammengeschlossen. Als Beispiel ist hier die Comundialis-Stiftung, ebenfalls in Köln, zu nennen, die mit ihrem Angebot der fairen Aktionäre genau diese Zielrichtung vertritt. Der Möglichkeit, sich auch und gerade als kleiner Aktionär zu engagieren und sich gegebenenfalls zu wehren, sind also kaum Grenzen gesetzt. Man muss es nur wollen.

GRUNDREGELN FÜR DIE BERATUNG 8

Grundsätzlich gilt für ein Beratungsgespräch: man muss es ernsthaft wollen. Soll es dann im Folgenden sinnvoll und erfolgreich sein, müssen Vertrauen und Offenheit auf beiden Seiten unbedingt gegeben sein. Aber auch andere Faktoren wie Besonnenheit und Bescheidenheit spielen eine wichtige Rolle.

Offenheit 8.1

Zunächst müssen der Berater und der Kunde offen miteinander umgehen. Hinzu kommt, dass die Fragen möglichst genau und präzise gestellt werden sollten. So kommt es recht häufig vor, dass Kunden oder Interessenten anrufen, um einfach einen Zinssatz abzufragen. Die Frage lautet dann etwa: »Ich möchte gerne 10.000,– Euro anlegen, was bieten Sie für einen Zinssatz?« Das ist ungefähr so, als wenn ein Kunde in ein Sportgeschäft geht und sagt, er möchte gerne Turnschuhe kaufen. Was denn für Turnschuhe? Für die Halle oder für draußen? Für Gymnastik, Fußball, Handball, Volleyball oder nur, um damit zu »laufen«? Wo laufen Sie denn lieber? Auf einem Laufplatz, auf befestigten Waldwegen? Querfeldein oder auf der Straße? Wie schwer sind Sie denn? Wie viel laufen Sie denn so in einer Woche?

Dieses kleine Beispiel soll nur verdeutlichen, dass man die recht einfach klingende Frage nach der Höhe der Zinsen nicht einfach so beantworten kann. Wie in Kapitel 4 erörtert, gibt es die drei Grundprinzipien der Geldanlage: die Sicherheit, die Rendite und die Liquidität. Und meines Erachtens sollte man ein viertes Prinzip hinzufügen: die Frage der Nachhaltigkeit oder der Ethik.

Diese konkretisieren sich in den individuellen Anforderungen des Kunden. Wie lange möchte er das Geld anlegen? Was ist die persönliche Renditeerwartung? Muss bei einer Anschaffung dringend auf das Geld wieder zugegriffen werden? Soll mit der Anlage ein bestimmtes Sparziel erreicht werden? Soll es einem bestimmen Zweck dienen, etwa für ein Auto oder für die Anschaffung einer Immobilie? Muss zu einem bestimmten Zeitpunkt ein bestimmter Betrag angespart sein oder soll dieser etwa für eine Kreditablösung oder Ähnliches zur Verfügung stehen? Auch die Frage nach der steuerlichen Belastung kann wichtig sein. So ergeben sich viele Fragen, deren Antworten wohlüberlegt sein wollen. Anschließend sollte der Kunde mit dem Berater die verschiedenen Möglichkeiten erörtern.

Es gibt aber auch sehr heikle Themen, bei denen viele Menschen keine oder unzutreffende Antworten geben. Das sind vor allem die nach den monatlichen Einkünften und der Höhe des Vermögens. Mit Hilfe dieser Antworten kann ein guter Berater aber abschätzen, ob das persönliche Risikoprofil des Kunden nicht vielleicht zu hoch oder aber zu niedrig ist. Wenn der Kunde trotz geringer Einkünfte, hoher Verpflichtungen und geringem Vermögen alles auf eine Karte setzen möchte, ist es für einen guter Berater mehr als eine Pflicht, den Kunden vor diesem Schritt nicht nur zu warnen, sondern ihn auch wenn möglich davon abzuhalten.

Ein kleines Beispiel soll die Zusammenhänge näher erläutern. Die Lieblingsantwort vieler meiner Kunden auf die Frage nach ihrer Einstellung zu Geldanlagen heißt »konservativ«. Das ist die goldene Mitte, nicht heiß oder kalt, sondern eher handwarm. Dabei gibt es große Unterschiede: Angenommen, ich habe zwei Kunden, die diese Antwort gegeben haben. Auf der einen Seite ein 64-jähriger Pensionär mit Versorgungsbezügen, die die zum Bestreiten des Lebensunterhalts für sich und seine Frau erforderliche Höhe übersteigen, eigenes Wohneigentum, 150.000,– Euro als Geldanlage, zusätzliche Eigentumswohnung vermietet, keine Schulden. Ziel der Geldanlage ist, Steuern zu sparen. Auf der anderen Seite eine 73-jährige Witwe, wohnt zur Miete, bekommt nur eine kleine Rente, es geht gerade so auf mit den Ein- und Ausgaben, vor allem wegen der Heizkosten. Sie braucht die Zinsen aus ihrem Sparbuch von 40.000,– Euro als Unterstützung zum Leben, das Ziel der Geldanlage heißt: Steuern sparen. Beide sind nach eigenen Angaben konservativ in der persönlichen Beurteilung der Risikobereitschaft.

Es liegt auf der Hand, dass es für beide Anleger nicht dieselbe Antwort geben kann. Es wäre grob fahrlässig, der älteren Dame die gleiche Struktur in der Vermögensanlage vorzuschlagen wie dem jüngeren Pensionär. Auch bei grundsätzlich konservativer Ausrichtung kann der Empfänger von Ruhestandsbezügen ein höheres Risiko eingehen als die Witwe, die jeden Cent zum Leben braucht. Diese benötigt vor allem Rat, wie sie auch künftig Steuerzahlungen vermeiden kann, damit ihr Lebensunterhalt sichergestellt bleibt. Der Pensionär hat dieses nicht nötig, kann aber auf der anderen Seite durch eine geschickte Auswahl bestimmter Papiere ebenfalls seine Steuerlast minimieren. Dazu kommt natürlich noch, dass die Aufmerksamkeit des Beraters bei der älteren Dame eigentlich viel größer sein müsste. Bei ihr kommt es darauf an, das Vermögen zu erhalten und den Kapitalertrag zu erhöhen. Der vermögende Pensionär ist ja bezüglich seines monatlichen Einkommens gar nicht auf die Erträge aus dem Kapital angewiesen, könnte also durchaus mal ein oder zwei »magere« Jahre hinnehmen.

Wenn aber die Kunden dem Berater die eigenen Vermögens- und Einkommensverhältnisse nicht richtig erläutern und offenlegen, dann ist es nicht verwunderlich, wenn es zu falschen Empfehlungen oder Entscheidungen kommt. Man darf sich dann nachher nicht wundern, wenn hier ein falscher Weg eingeschlagen worden ist.

Vertrauen 8.2

Alle diese Gespräche setzen vor allem Vertrauen voraus. Der Kunde muss dem Berater ein entsprechendes Maß an Vertrauen entgegenbringen. Und der Berater muss das Vertrauen in den Kunden haben, dass dieser ihm seine ehrlichen Entscheidungen und Einstellungen auch mitteilt. Beim Berater sollte natürlich ein gewisses Maß an Fachkompetenz und persönlichem Einfühlungsvermögen vorausgesetzt werden.

Aus vielen persönlichen Gesprächen mit Teilnehmern an Fachvorträgen über Finanzberatung weiß ich aber auch, dass es gerade an dieser Vertrauensbasis häufig fehlt. In den letzten Jahren hat der sogenannte Vertriebsdruck in den Banken kräftig zugenommen. Die Berater werden gezwungen, bestimmte hauseigene Produkte an den Kunden zu bringen, koste es, was es wolle. Egal, ob eine 82-jährige Kundin wirklich einen Bausparvertrag benötigt, er wird ihr einfach verkauft. Risikolebensversicherung für einen alleinstehenden Mann Mitte 40 ohne Angehörige, warum nicht. Es gäbe genug Beispiele für solche Entwicklungen. Die Berichterstattung in den öffentlichen Medien zu diesem Thema nimmt immer mehr zu, was ein untrügliches Zeichen dafür ist, dass in der Kundenberatung bei manchen Banken etwas nicht mehr stimmt. Bedauerlicherweise bringt dies einen ganzen Berufsstand in Misskredit. Es ist auch mein Beruf. Ich mache ihn gerne und ich sehe in meiner Tätigkeit eine wichtige Hilfe und Unterstützung für die Menschen.

Das Bewusstsein wächst, dass die Berater überhaupt nicht mehr die Zeit für ein vernünftiges Gespräch mit dem Kunden haben. Vielmehr sind sie gezwungen, ein bestimmtes Produkt möglichst schnell zu verkaufen. Zeit ist Geld, das Geschäft ist in 15 Minuten zu machen, der Nächste wartet schon! Das ist Kundenberatung wie am Fließband, die industrialisierte Dienstleistung.

Häufig bekommen die Mitarbeiter in den Banken schon morgens bei Dienstbeginn mitgeteilt, welche Produkte sie am Tag zu verkaufen haben – Versicherungen, Bausparverträge, die neuesten Investmentfonds und alles möglichst schnell bitte. Außerdem selbstverständlich getreu der neuesten europäischen Beraterrichtlinie »anlage- und anlegergerecht«. Aber das ist die Quadratur des Kreises, es ist einfach unmöglich. Einer meiner Seminarteilnehmer stellte einmal, als es um die Ethik in der Beratung ging, lakonisch fest: »Ich arbeite im Vertrieb, ich muss lügen!« So wahr diese Feststellung auch sein mag, sie macht sie nicht besser. Es ist traurig genug, dass nicht nur die international tätigen Banken das notwendige Vertrauen immer weiter verspielen. Leider leben manche Banken nach einem Motto, das eigentlich als Scherz gemeint war: »Vertrieb ist die Kunst, den Kunden so über den Tisch zu ziehen, dass er die dabei entstehende Reibungshitze als Nestwärme empfindet.«

So kann ich einem Kunden nur empfehlen, sich wirklich intensiv mit dem Thema Geldanlage auseinanderzusetzen. Wenn Sie zu einem Berater kein Vertrauen haben, dann sagen Sie das auch. Es kostet Ihr Geld, wenn eine Anlage nicht so läuft, wie Sie sich das vorgestellt haben.

Eines ist aber auch wichtig. Der Kunde sollte wissen, dass eine gute Beratung auch ihren Preis hat. Viele Menschen sagen, dass »etwas, was nichts kostet, auch nichts ist«. In Zeiten der kostenlosen Girokonten und der riesigen Zinsversprechen müssen die Banken aber zusehen, wie sie ihren Verdienst auf andere Art und Weise erzielen können. Jedes noch so verlockende Angebot hat irgendwo einen Haken und der Kunde zahlt am Schluss. Umso richtiger wäre es dann, wenn der Kunde von Beginn an bereit ist, für eine gute Beratung auch einen angemessenen Preis zu zahlen.

Fragen, fragen, fragen 8.3

Vor allem müssen Sie in einem Beratungsgespräch immer wieder Fragen stellen. Natürlich muss das auch der Berater. Ein gutes Gespräch können Sie bereits daran erkennen, dass der Berater sogenannte offene Fragen stellt. Das sind solche, auf die man nicht mit ja oder nein antworten kann. Also nicht etwa: »Möchten Sie gerne einen Aktienfonds?«, sondern: »Welche Anlageform bevorzugen Sie denn für sich persönlich?« Je mehr offene Fragen man Ihnen stellt, desto besser ist das Gespräch und damit auch das Ergebnis. Wenn der Berater Sie aber nur mit Feststellungen zu überzeugen versucht, dass das Produkt XY (natürlich aus dem eigenen Hause) das beste sei und er wisse das ganz genau, dann können Sie den wahren Hintergrund für diesen Ratschlag schnell erkennen.

Fragen Sie, wenn etwas nicht verstanden wurde. Vor allem, wenn die englischen Fachausdrücke das Gespräch nach drei Minuten völlig erschlagen. Lassen Sie sich die Zusammenhänge erklären. Sollten Sie merken, dass der Berater das nicht kann, haken Sie weiter nach. Wenn er Ihnen mehrfach eine Erklärung schuldig bleibt, sollten Sie sich einen anderen Berater oder in letzter Konsequenz eine andere Bank suchen. Dies ist natürlich der letzte Ausweg.

Tipp

Bei Fragen nach den Kosten einer Anlage immer nach der MIFID-Richtlinie fragen oder darauf verweisen. Es ist eigentlich schon traurig genug, wenn der Kunde darauf hinweisen muss. Eigentlich ist die Bank von sich aus verpflichtet, den Kunden auf die Kosten einer Anlage hinzuweisen. Der Hinweis auf die Richtlinie wirkt aber manchmal Wunder, da jeder Berater weiß, dass diese Pflicht zur Bekanntgabe besteht. Er wird sich auch hüten, dem Kunden falsche Angaben zu machen. Jedes kleinste Detail, jede Gebühr oder Vergütung muss offengelegt werden!

Und grundsätzlich gilt: Es gibt keine dummen Fragen, nur dumme Antworten.

8.4 Das rechte Maß

Oft fällt mir in Gesprächen auch auf, dass viele Menschen das »rechte Maß« verlieren. Manche Kunden beanspruchen für sich ein »Anrecht« auf eine bestmögliche Beratung oder Versorgung mit Informationen, sind aber selbst nicht bereit, dafür auch etwas zu geben. Natürlich gibt es viele Angebote von Internetbanken, mit denen die Volksbank oder die Sparkasse um die Ecke nicht konkurrieren kann. Es ist nicht jedermanns Sache, nur mit einem Computer zu kommunizieren. Auch wer einmal in einem Callcenter angerufen hat und immer wieder neu verbunden wurde, hat allen Grund, sich zu ärgern. Wenn man ein persönliches Gespräch mit einem Berater seines Vertrauens führen kann, dann sollte es einem auch etwas wert sein.

In der Geldanlage kommt es vor, dass man schnell eine Antwort benötigt und einen bestimmten Berater bei der Bank erreichen möchte. Selbst wenn dieser in Urlaub oder sonst abwesend ist, wird man sicherlich bemüht sein, recht schnell einen alternativen Ansprechpartner zu benennen. Das Personal kostet aber Geld, auch die Filiale um die Ecke, die Ausstattung, alles das bindet Finanzmittel. Es ist klar, dass die zum Teil utopischen Zinssätze daher nicht von allen Banken bezahlt werden können. Das sollte einem klar sein, wenn man die Bank um die Ecke schätzt, aber auf der anderen Seite die günstigeren Konditionen anderer Häuser in Anspruch nehmen will.

Auch und vor allem in der Kreditberatung gibt es Situationen, die es erforderlich machen, während der Laufzeit eine fachliche Beratung in Anspruch zu nehmen. Insbesondere bei längerfristigen Finanzierungen für eine Immobilie sind solche notwendigen Anpassungen durchaus üblich. In solch einer Lage mit einer Internetbank zu verhandeln ist eine Qual. Diese sind auf Standardisierung eingestellt: Nur viele gleiche Vorgänge ermöglichen ein kostengünstiges Angebot. Und der Kunde wird auch nur noch als Vorgang gesehen, nicht mehr als Individuum. Der Anspruch des Kunden wird genormt und in einem festen Raster erfasst, er kommt in eine bestimmte Schublade. Aber wer wird schon gerne in eine Schublade gesteckt? Für individuelle Ansätze ist hier kein Platz und keine Zeit. Am Ende muss der Kunde dann unter Umständen mehr bezahlen, als wenn er gleich zu seiner Hausbank gegangen wäre.

Ich halte es aber ebenso für unredlich, und das hat auch etwas mit Ethik in der Beratung zu tun, wenn Kunden in ein Bankhaus gehen, sich ausführlich und gut beraten lassen, um sich dann anschließend vor den eigenen PC zu Hause zu setzen und das erlernte Fachwissen bei einem preiswerteren

Geschäft mit einer Internetbank gleich kostengünstig nutzen. Hier frage ich mich manchmal, ob nicht die Berater ausgenutzt werden. Bei einem Rechtsanwalt oder Notar ist es selbstverständlich, dass der Mandant für eine gute Beratung zahlt. Und das unabhängig davon, ob das vielleicht angestrengte Verfahren wirklich zum Erfolg führt. Der Mandant partizipiert an dem Wissen, also muss er dafür eine entsprechende Zahlung für den Dienstleister leisten.

Klugheit, Weisheit und Bescheidenheit 8.5

Klugheit und Weisheit sind grundlegende Tugenden im wirtschaftlichen Handeln. Ich möchte diesen zwei Eigenschaften noch eine weitere, die Bescheidenheit, hinzufügen. Vielfach kommt beim heutigen Wirtschaften die Bescheidenheit jedoch überhaupt nicht mehr richtig zum Tragen. Das gilt für die Bescheidenheit gegenüber den eigenen Forderungen an andere, für die »Bescheidenheit in der Beurteilung der eigenen Fähigkeiten« und für die Bescheidenheit in der Selbstdarstellung. Auch in Bezug auf die Zins- oder Renditeerwartung ist Bescheidenheit eine sehr gute Charaktereigenschaft. Es gibt keine sichere Anlage, die sofort verfügbar ist und noch 3 Prozent Zinsen über Marktniveau nach Steuern bringt!

Immer wieder trifft man in den Banken auch Ratsuchende, die sich mit ihren eigenen Möglichkeiten völlig überschätzt haben oder aber maßlos in den Ansprüchen an die Maximierung des Ertrages gewesen waren. Sie kommen auch oft erst zu einem Zeitpunkt, wenn es für Hilfe häufig schon zu spät ist und das Kind schon längst in den Brunnen gefallen ist. Selbst diejenigen, die eigentlich über die fachlichen Fähigkeiten verfügen müssten, treffen oftmals Investitionsentscheidungen, die im Nachhinein zweifelhaft anmuten.

Wenn von insgesamt rund zehn Anlageobjekten im Beteiligungsbereich und in Immobilien, von denen sieben zum Teil mit Krediten finanziert sind, insgesamt acht keine ordentliche positive Rendite abwerfen, dann ist bei der Entscheidung für die Investments sehr viel falsch gemacht worden. Das häufig Tragische an solchen Entwicklungen ist, dass als Sicherheit das eigene Haus oder die eigene Wohnung dient. Umso schlimmer dann die Tatsache, dass die beteiligten Banken irgendwann nicht mehr stillhalten und im schlimmsten Fall die Zwangsversteigerung betreiben. Zusätzlich zu dem Ärger verlieren diese Anleger dann auch noch den letzten Rest an Vermögen. Vielfach sind sie auf staatliche Unterstützung angewiesen und sitzen trotzdem noch auf ihren Schulden. Ihr Leben im Alter haben sie sich sicherlich anders vorgestellt.

Ein typisches Beispiel für solche falschen Investitionen waren die Anlagen in Immobilien in den fünf neuen Bundesländern direkt nach der Wende. Hier haben sich nicht nur Bundesbürger engagiert, sondern auch viele Ausländer. Glänzende Renditen wurden damals versprochen, mit Mietgarantien, ohne Risiko, völlig sicher. Allerdings hätte einen das bei näherem Hinsehen schon stutzig machen können. In erstklassiger Lage in Ballungsräumen wie Düsseldorf, Wien, München oder Zürich kostete eine wirklich schöne neue Wohnung damals umgerechnet 2.000,– oder 2.500,– Euro pro Quadratmeter. In den weit weniger entwickelten Gebieten Dresden, Halle oder Leipzig musste man für eine vergleichbare Wohnung aber zum Teil mehr als 3.500,– Euro bezahlen. Bei solchen Relationen muss einem schon der kluge Menschenverstand sagen, dass hier etwas nicht stimmen kann. Angelockt mit völlig übertriebenen Gewinnaussichten und Steueranreizen, waren die Mietgarantien und Subventionen längst in den Kaufpreis mit eingerechnet.

Auch die gerne erworbenen Studentenwohnungen in Hochhäusern wurden manchmal so angepriesen. Schlecht ist nur, wenn die nächste Universität 50 Kilometer entfernt liegt und in zentraler Nähe bessere und preiswertere Wohnungen vermietet werden. Manche Anleger sind hier entschieden zu gutgläubig gewesen. Für jede neue Kaffeemaschine werden tagelange Preisvergleiche angestellt, Telefonumfragen gestartet und es wird von Elektromarkt zu Kaufhaus gefahren – einmal ganz davon abgesehen, dass man ein kleines Vermögen an Sprit verfährt. Aber bei einer Immobilie, die man nur ein- oder zweimal im Leben erwirbt, wird einem »Verkäufer« geglaubt und das Objekt hat man sich noch nicht einmal angesehen.

Genau das ist der Punkt, den ich mit Klugheit und Weisheit meine, und das hat nichts mit einem hohen Intelligenzquotienten oder einer intellektuellen Einstellung zu tun. Bei manchen Entscheidungen von Anlegern habe ich manchmal den Eindruck, dass hier überhaupt keine Verstandesentscheidung vorgenommen wird, sondern dass sie sich ausschließlich vom Reiz des attraktiven Angebots leiten und regelrecht verführen lassen. Bei Renditeversprechen, die hoch zweistellig sind oder mehr als 100 Prozent in einem Jahr bringen sollen, müssen einfach alle Warnlampen angehen. Von der Unsinnigkeit dieser Versprechen ganz zu schweigen. Niemand hat Geld zu verschenken und niemand gibt dem Anleger etwas ohne Gegenleistung. Diese Erfahrung sollte man immer beherzigen.

HÄUFIGE FRAGEN IN DER GELDANLAGE 9

Warum steigen die Rentenkurse, wenn die Zinsen sinken beziehungsweise warum fallen die Kurse, wenn die Zinsen steigen?

Nehmen wir einmal folgendes Beispiel: Der Anleger Heinrich Meier kauft sich am 1. Juli eine Anleihe. Sie entspricht mit ihrer Nominalverzinsung von 4 Prozent und der Laufzeit von vier Jahren genau der Marktrendite. Die Anleihe wird gut beurteilt und verfügt über ein gutes Rating. Der Kurs beträgt 100 Prozent, damit ist die Rendite ebenfalls ungefähr bei 4 Prozent. Herr Meier beabsichtigt, die Anlage bis zum Fälligkeitszeitpunkt zu halten, und investiert genau 10.000,– Euro. Der Zeitstrahl der Geldanlage sieht also folgendermaßen aus:

1. Juli	**nach 1 Jahr**	**nach 2 Jahren**	**nach 3 Jahren**	**nach 4 Jahren**
Kauf der Anlage Investition 10.000,– Euro	1. Zinstermin Zahlung von 400,– Euro	2. Zinstermin Zahlung von 400,– Euro	3. Zinstermin Zahlung von 400,– Euro	4. Zinstermin Zahlung von 400,– Euro Rückzahlung der 10.000,– Euro

Jetzt spielt einem das Leben aber des Öfteren einen Streich und durchkreuzt die ursprünglichen Überlegungen. Auch bei Herrn Meier ändern sich die finanziellen Planungen. Er benötigt ganz dringend Geld und möchte die Anleihe unbedingt verkaufen. Nach einem Jahr Haltedauer, also am 1. Juli des auf den Kauf folgenden Jahres, möchte er die Anleihe an der Börse wieder zu Geld machen. Er bietet sie potenziellen Käufern zum Kauf an. Nur leider hat sich in der Zwischenzeit die Zinslage am Markt verändert. Für eine dreijährige Anleihe (ein Jahr der ursprünglich vierjährigen Anleihe ist ja schon vergangen) werden jetzt 5 Prozent Zinsen gezahlt. Die Zinsen sind also gestiegen.

Herr Meier bietet seine Anleihe am Markt (also an der Börse) an. Die Anleihe hat ja einen Nominalzins von 4 Prozent, der feststeht. Die Güte der Anleihe hat sich in der Zwischenzeit ebenfalls nicht geändert. Sie hat noch eine Restlaufzeit von drei Jahren. Daraufhin bekommt er von den Kaufinteressenten zu hören: »Warum sollte ich deine Anleihe kaufen, die nur 4 Prozent zahlt. Am Markt bekomme ich 5 Prozent p. a. für drei Jahre!« und dann der entscheidende Satz: »Ich würde die Anleihe ja kaufen, wenn du mir im Preis entgegenkommst.« Die Frage ist nur, wie hoch muss dieses Entgegenkommen ausfallen?

Der Marktzins beträgt derzeit 5 Prozent, die Anleihe von Herrn Meier zahlt aber nur 4 Prozent pro Jahr. Also beträgt der Zinsnachteil 1 Prozent pro Jahr. Bei einer Restlaufzeit von drei Jahren ergibt sich ein gesamter Zinsnachteil von 3 Prozent. 100 minus 3 ist 97, in diesem Fall Prozent. Also wird Herr Meier seine Anleihe für rund 97 Prozent am Markt, also an der Börse verkaufen können. Die potenziellen Anleger können den Nachteil des Nominalzinses durch den Kursvorteil wieder ausgleichen, denn sie bekommen ja bei Fälligkeit der Anleihe die 100 Prozent wieder komplett ausgezahlt.

Dasselbe gilt natürlich auch für den umgekehrten Fall: Nehmen wir also dieselbe Ausgangssituation an, nur dass die Zinsen nicht gestiegen, sondern auf 2,5 Prozent gefallen sind. Herr Meier ist nun in einer deutlich verbesserten Verkaufsposition. Viele Anleger möchten seine Anleihe haben, die ja 1,5 Prozent pro Jahr mehr Zinsen erzielt als eine vergleichbare Anleihe mit dreijähriger Restlaufzeit. Der Zinsvorteil beträgt also 1,5 Prozent pro Jahr der Restlaufzeit. Bei drei Jahren ergibt sich ein Vorteil von insgesamt 4,5 Prozent. Also wird Herr Meier die Anleihe für 104,5 Prozent verkaufen können.

Die Regeln lauten wie folgt:
Wenn die Zinsen fallen, steigen die Kurse oder
wenn die Zinsen steigen, fallen die Kurse.

Warum steigen die Aktienkurse, wenn die Zinsen sinken?

Für den normalen Anleger gibt es nicht viele Alternativen, was er mit seinem Kapital anfangen möchte. Er hat allgemein das Interesse, möglichst hohe Zinsen bei überschaubarem Risiko zu erhalten. Dabei sollte das Geld nicht so fest angelegt sein, dass er in einer eventuellen Notlage nicht wieder an sein Geld kommt. Damit konkurrieren also alle zur Verfügung stehenden Geldanlagen um die Gunst des Anlegers. Je höher aber dabei die Verzinsung einer risikolosen Geldanlage ist, desto geringer ist der Hang des Anlegers, für 1 oder 2 Prozent mehr Rendite ein unter Umständen unüberschaubares Risiko einzugehen. Sollte also eine festverzinsliche, sichere Anlage eine Rendite von 6 Prozent versprechen, so nimmt die Bereitschaft ab, für eine Rendite von kalkulierten 8 Prozent im Aktienbereich die Anlageklasse zu wechseln. Sollten die Zinsen aber sinken, so wird der Abstand zwischen diesen beiden Bereichen immer größer. Der Reiz, die Aktienanlage zu wählen, wird zunehmen, je geringer der sichere Zins ist. Deshalb beflügelt eine Zinssenkung immer die Fantasie der Anleger, doch wieder in die Aktienanlage einzusteigen.

Dazu kommt, dass bei sinkenden Zinsen die Bereitschaft der Unternehmer steigt, mehr zu investieren. Die Kapitalkosten sinken, das Geld wird billiger und Unternehmen investieren in neue Maschinen, bessere Fertigungsanlagen, neue Produktionsstätten und – leider – auch in Rationalisierungsmaßnahmen. Damit sinken die Produktionskosten, die Gewinne steigen, also auch die Gewinnaussichten der Aktionäre, also der Eigentümer der Aktiengesellschaft.

Allein die Vorstellung steigender Gewinne sorgt dafür, dass mehr Menschen die Aktie kaufen, als sie verkaufen möchten. Also steigt der Preis und zieht damit weitere Käufer nach sich. Dazu kommt dann noch, dass bei steigenden Gewinnen in aller Regel auch die Dividende, also die Ausschüttung angehoben wird. Das ist entscheidend für die Dividendenrendite, also die Frage, wie viel der Anleger für sein eingesetztes Kapital erhält.

Warum steigen die Aktienkurse, wenn die Arbeitslosenzahlen steigen?

Diese Frage ist eine der emotional schwierigsten, obwohl sie rein sachlich recht einfach zu beantworten ist. Die folgenden Zusammenhänge sind sehr vereinfacht dargestellt und sollen ein klein wenig das komplizierte Zusammenspiel unterschiedlicher Faktoren veranschaulichen.

Der Faktor Arbeit ist in einer Produktion ein Bereich, der Kosten verursacht. Ähnlich wie die anderen Produktionsfaktoren Rohstoffe und Kapital wird ein Unternehmen bemüht sein, diesen Faktor Arbeit so günstig wie möglich zu gestalten. Der Arbeitsmarkt ist dabei auch nichts anderes als ein Ort, wo Menschen ihre Arbeitskraft anbieten und Arbeitgeber diese Arbeitskraft nachfragen. Wenn viele Menschen keine Arbeit haben, also um die wenigen Arbeitsplätze miteinander konkurrieren, wird der Preis für diese Arbeitskraft sinken. Es wird immer Menschen geben, die bereit sind, für einen geringeren Preis zu arbeiten, weil sie das Geld dringender brauchen als andere.

Sind also die Arbeitslosenzahlen hoch, dann sinkt der Preis für diese Arbeitsleistung, und zwar so lange, bis andere Institutionen durch Markteingriffe versuchen, Ungerechtigkeiten zu bereinigen. Wie schwierig diese Maßnahmen sind, zeigen die vielfältigen Versuche, durch Einführung von Mindestlöhnen einen gerechten Ausgleich zu schaffen. Wenn dem Unternehmer der – staatlich festgesetzte – Preis aber zu hoch ist, wird er die Arbeit nicht mehr nachfragen. Das heißt, er gibt geplante Investitionen auf oder entlässt bereits eingestellte Mitarbeiter. Damit ist dann im Endeffekt niemandem geholfen.

Diesen Effekt kann man bei anderen Produkten sehr gut nachvollziehen. Es dürfte jedem klar sein, dass der Preis für einen Liter Milch mit circa 85 Cent eigentlich zu niedrig ist. Der Bauer als Produzent dieses Naturprodukts erwirtschaftet kaum mehr als die Herstellungskosten. Wenn der Staat nun den Preis für Milch auf 1,50 Euro festlegen würde, hätte das nicht zur Folge, dass alle Bauern mehr für die Milch bekommen. Vielmehr würde die Nachfrage nach diesem Produkt völlig zusammenbrechen, weil viele Verbraucher nicht mehr bereit wären, für dieses Produkt so viel Geld zu bezahlen.

Den umgekehrten Fall haben wir in den letzten 20 Jahren im Bereich der Telefonkosten beobachten können. Früher wurden Telefondienstleistungen ausschließlich durch Monopole angeboten, wie beispielsweise in Deutschland durch die Bundespost. Nach der Privatisierung und des freien Marktzugangs für andere Anbieter wurde das Telefonieren deutlich preiswerter. Dazu kam dann noch die technische Entwicklung im Bereich der Mobiltelefone. Heute ist das mobile Telefon ein Massenprodukt, unter anderem auch dadurch, weil die Preise für die Nutzung so stark gefallen sind.

Aber zurück zum eigentlichen Thema. Wenn die Arbeitslosenzahlen hoch sind, werden die Regierung und die Zentralbank versuchen, die Zinsen möglichst gering zu halten, um die Unternehmen zu Investitionen anzuregen und damit mehr Arbeitslose von der Straße zu holen. Niedrige Zinsen sind aber ein guter Grund für einen Kapitalanleger, doch besser in Aktien zu investieren als in Festgelder oder Sparanlagen. Also steigen die Aktienkurse.

Warum steigen die Aktienkurse, wenn ein Unternehmen Entlassungen oder Produktionsverlagerungen ins Ausland ankündigt?

Dieses Phänomen hängt inhaltlich mit den schon zur vorangegangenen Frage ausgeführten Erläuterungen zusammen. Wenn ein Unternehmen Entlassungen ankündigt, verspricht es nichts anderes als eine Kostenreduktion. Geringere Kosten sorgen aber – bei gleichbleibendem Umsatz – irgendwann auch für höhere Gewinne. Diese höheren Gewinnaussichten regen die Fantasie der Anleger an und animieren sie zum Kauf der Aktie. Dabei ist der ursprüngliche Ansatz, dass ein Unternehmen dann besonders stark und mächtig ist, wenn es besonders viele Arbeitnehmer beschäftigt, leider nicht mehr von Bedeutung. Entscheidend sind die Kosten, die diese Arbeitnehmer verursachen.

Es ist bedauerlicherweise eine Tatsache, dass Menschen in der betriebswirtschaftlichen Rechnung eines Unternehmens nur noch als Kostenfaktor auftauchen. Und es ist leider ebenso eine Tatsache, dass ein asiatischer Arbeiter in aller Regel deutlich weniger kostet als ein Arbeiter in Österreich, der Schweiz oder in Deutschland.

Warum steigen die Kurse einer Gesellschaft, wenn der Rückblick schlecht ist, die Prognose aber gut?

An der Börse wird vor allem die Fantasie der Menschen bedient. Die schlechten Zahlen sind oft schnell der sprichwörtliche Schnee von gestern und interessieren eigentlich niemanden mehr. Da man diese Zahlen auch recht schlecht geheim halten kann, sind sie zumeist sowieso vorher bekannt und in die Kurse schon mit eingerechnet, neudeutsch: »eingepreist«. Wenn aber ein Unternehmen Neuigkeiten bekannt geben kann, also etwa einen neuen Großauftrag, eine neue Erfindung, einen positiv abgeschlossenen Test bei einem neuen Medikament oder Ähnliches, dann reagieren die Kurse sofort. An der Börse werden die Erfolgsaussichten der Zukunft gehandelt. Manche Analysten behaupten sogar, dass die Börse die Entwicklung einer Aktiengesellschaft um ungefähr ein Jahr vorwegnimmt.

Wie beeinflusst die Konkurrenz der Firmen und Konzerne untereinander die Kursentwicklung?

Nicht nur die Entwicklung der jeweiligen Unternehmen hat Auswirkungen auf den Aktienkurs. Vielmehr bestimmt auch die Konkurrenz der Firmen und Konzerne untereinander maßgeblich, wie sich die Kurse einer kompletten Branche entwickeln.

Beispiel: Es gibt zwei große Unternehmen auf der Welt, die Flugzeuge herstellen. Das eine ist ein amerikanisches, das vornehmlich in den USA und damit auf US-Dollar-Basis produziert, das andere produziert in diversen europäischen Staaten und damit fast ausschließlich auf Euro-Basis.

Diese beiden Unternehmen konkurrieren miteinander: Nicht nur um das Kundeninteresse, sondern auch in der Entwicklung neuer und besserer Flugzeuge. Gibt nun das eine Unternehmen bekannt, dass sich die Neuentwicklung eines Flugzeugs verzögert und auch seine Auslieferung an die Kunden sich um längere Zeit verzögert, so wird das andere Unternehmen davon profitieren, wenn es den Lieferengpass schneller ausfüllen kann. Der Misserfolg des einen kann dann ganz schnell zum Erfolg des anderen Unternehmens werden.

Anders zum Beispiel in der Computerindustrie. Auch hier ist der Kampf um den Kunden riesig. In kaum einer anderen Branche sind die Preise für die Endgeräte in den letzten Jahren so schnell gesunken wie bei der Hardware, also bei Computern, Druckern, Laptops et cetera. Das gilt auch für die Halbleiter, ohne die ein PC nicht funktionieren kann. Zwar steckt heute in jeder Digitalkamera und in jedem Mobiltelefon ein kleiner Speicherchip, doch auch hier sinken die Preise rapide. Immer kleiner, schneller und besser lautet die Devise und der Verdrängungswettbewerb ist hart. Neue Anbieter drängen auf den Markt, die Innovationszyklen werden immer kürzer. Die Neuerung von heute liegt schon morgen auf dem Grabbeltisch im Supermarkt und wird verramscht. Selbst bei sehr innovativen Geräten wie speziellen Mobiltelefonen oder digitalen Rekordern und MP3-Playern können die

Unternehmen nicht mehr sicher sein, beim Verbraucher jeden Spitzenpreis zu erzielen. Gibt nun ein Halbleiterhersteller bekannt, dass sich die Marktchancen verändert haben und der Absatzmarkt schwierig ist, weil die Verbraucher bei Neuinvestitionen zurückhaltend sind, so hat das sofort Auswirkungen nicht nur auf den eigenen Aktienkurs, sondern auch auf den Kurs der Mitbewerber. Die interessierten Käufer setzen dann einfach voraus, dass die Marktbedingungen für alle gleich sind. Deshalb glauben sie, dass auch die anderen Gesellschaften mit den Absatzproblemen zu kämpfen haben, obwohl das vielleicht überhaupt nicht stimmt.

Wie beeinflussen Fusionen und Übernahmen die Kursentwicklung?

Gerade diese beiden Möglichkeiten an der Börse beeinflussen die Aktienkurse der beteiligten Gesellschaften. Bei einer Fusion entschließen sich zumeist zwei Unternehmen, in Zukunft sehr eng zusammenzuarbeiten oder sich sogar so zu verbinden, dass das eine Unternehmen im anderen aufgeht. Das Zauberwort bei einem solchen Vorgang heißt Synergieeffekt. Damit möchte man erreichen, dass man in Zukunft besser und billiger produzieren oder bessere Dienstleistungen erbringen kann. Es liegt auf der Hand, dass bei besseren Produktionsabläufen mehr Produkte derselben Art und Güte hergestellt werden können und dies dazu auch preiswerter. Größe allein ist aber nicht entscheidend. Denn nur rund ein Drittel aller Fusionen geht auch wirklich gut aus und erfüllt die Erwartungen des Marktes. In einem Punkt allerdings zahlt sich jede Fusion gut aus: in der Höhe der jährlichen Saläre der beteiligten Manager, aber das ist ein anderes Thema. Auch bei Fusionen gilt, dass die Erfolge von heute oft die Verluste von morgen sind. Es ließen sich genug Beispiele, gerade aus der Automobilindustrie, anführen, bei denen die propagierten Ziele nie erreicht wurden. Die fusionierten Unternehmen waren dann nach relativ kurzer Zeit nur noch Ballast und die Kernunternehmen waren froh, dass man sich von den Verlustbringern nach einiger Zeit wieder trennen konnte. Zurück zu den Wurzeln und Konzentration auf die Kernkompetenz, lautete dann schnell die Devise.

Das ist auch der Grund dafür, dass der Markt in vielen solcher Fälle in entsprechender Weise reagiert. Dasjenige Unternehmen, das das vermeintlich kleinere oder »schlechtere« ist, wird häufig mit einem Kursaufschlag bedacht, in der Hoffnung, dass man bei der Fusion und des dann notwendigen Zwangsverkaufs der Aktien noch einen höheren Erlös erzielen kann. Das Unternehmen, das das vermeintlich im ersten Augenblick erfolgreichere und wirtschaftlich potentere ist, wird akzeptieren müssen, dass der Aktienkurs erst einmal sinkt. Die Marktteilnehmer sehen zunächst die Belastung und nicht die in der Zukunft liegenden manchmal völlig fabulösen oder visionären Ziele. Insofern lernt der Markt aus Erfahrung.

Diese Folgen gelten vor allem auch dann, wenn es sich nicht um eine evolutionäre Fusion von zwei Unternehmen handelt, die sich miteinander absprechen, sondern um eine wirklich revolutionäre Übernahme. Ein Unternehmen möchte also ein anderes vom Markt haben. Es gibt ein Angebot für den Kauf der Aktien ab. Das Management des Unternehmens, welches übernommen werden soll, kann sich dann dazu äußern, ob es sich um eine »freundliche« oder »unfreundliche« Übernahme handelt. Im Falle einer freundlichen Übernahme wird das relativ gut abgewickelt. Im Falle der unfreundlichen Übernahme wird man versuchen, sich nach Kräften zu wehren. Häufig genug folgt dann ein langer Kampf um die Übernahme und es wird zumeist sehr teuer für das übernehmende Unternehmen. Das zunächst schwächere Unternehmen wird versuchen, die eigenen Aktionäre dazu zu bewegen, nicht zu verkaufen. Auf der Suche nach Verbündeten wird die Gesellschaft mit den Großaktionären und anderen befreundeten Unternehmen verhandeln, ob man nicht im Kampf gegen den Übernehmer zusammenstehen solle. Zu Hilfe kommen kann dem Unternehmen dann im Zweifel nur ein sogenannter »weißer Ritter«. Dieser steht der Gesellschaft unterstützend zur Seite und kann für den Fall einer Übernahme bessere Konditionen aushandeln, als es ursprünglich geplant gewesen ist.

Eindeutig festzuhalten bleibt aber, dass solche feindlichen Übernahmen für den Aktionär eine große Chance beinhalten. Erinnert sei hier an die Übernahme des Mannesmann-Konzerns durch den britischen Telekommunikationsanbieter Vodafone zu Beginn des Jahres 2000. Der Aktienkurs verdreifachte sich fast innerhalb des Übernahmepokers. Davon haben eine Menge Kunden profitiert. Die Vodafone-Aktionäre warten allerdings heute noch auf den Erfolg und haben die »Siege« von gestern mit hohen Kursabschlägen bezahlt.

Zwölf Tipps für das Anlagegespräch und die Geldanlage

1. *Gehen Sie am besten nicht alleine zu solch einem Gespräch. So können Sie sich nachher über Ihre Eindrücke und Fragen mit der Sie begleitenden Person austauschen.*
2. *Bereiten auch Sie sich für das Gespräch vor. Machen Sie sich klar, was Sie möchten. Ein hoher Zinssatz ist es nicht alleine!*
3. *Bescheiden Sie sich! Setzen Sie sich Grenzen bezüglich der Anlagedauer, Ihrer Erwartung und Ihrer Vorstellung zum Ertrag.*
4. *Seien Sie offen. Der Berater wird Sie nur dann vernünftig beraten und Ihnen ein Produkt empfehlen können, wenn Sie ihm auf die Fragen nach Vermögens- und Einkommenssituation auch eine richtige Antwort geben.*
5. *Seien Sie ehrlich. Geben Sie nicht Wissen vor, das Sie nicht haben. Der Berater merkt es doch.*
6. *Fragen Sie ruhig. Vor allem dann, wenn Sie etwas nicht verstanden haben oder der Berater viele Fachtermini und Anglizismen verwendet. Hat er auf Ihre Nachfrage keine vernünftige Antwort oder ist er nicht in der Lage, einen Sachverhalt in verständlichen Worten zu erläutern, können Sie das Gespräch getrost abbrechen. Der Berater hat dann die Angaben wahrscheinlich selbst nur auswendig gelernt und möglicherweise den Sachverhalt selbst nicht verstanden. Mit der Qualität der Beratung wird es dann nicht gut bestellt sein.*
7. *Machen Sie sich Notizen! Der Berater sollte sich ebenso Notizen machen und sie Ihnen später auch in Kopie anbieten. Das wichtigste Handwerkszeug für den Kunden und den Berater ist ein Stift und ein leeres Blatt Papier, alles andere ist schmückendes Beiwerk.*
8. *Bewahren Sie sich Ihren gesunden Menschenverstand. Eine zehnprozentige Geldanlage ohne Risiko und sofortige Verfügbarkeit gibt es nicht!*
9. *Schließen Sie vor allem keine Geschäfte mit Ihnen unbekannten Beratern ausschließlich am Telefon ab, das geht nie gut!*
10. *Seien Sie einfach bei bestimmten Produktangeboten wie Diamanten, Warentermingeschäften und Vorfinanzierungen von Erbschaften per E-Mail oder am Telefon grundsätzlich sehr skeptisch und zurückhaltend. Der Verzicht auf ein vermeintlich gutes Geschäft ist allemal besser, als Geld zu verlieren.*

11. Lassen Sie sich nicht locken. Eine Hochglanzbroschüre, eine effektvolle Präsentation, eine tolle Show soll häufig über Schwächen der Geldanlage hinwegtäuschen.

12. Treffen Sie keine übereilten Entschlüsse! Jede Anlage will gut durchdacht sein. Das gilt vor allem bei Entscheidungen, die weitereichende Folgen haben können, wie zum Beispiel bei Immobilien. Wenn ein »befreundeter« Notar des Beraters abends um 20.00 Uhr gerade noch einen Termin frei hat, um den Kauf zu beurkunden, dann stimmt etwas nicht. Lassen Sie sich Zeit! Über jede Entscheidung sollten Sie mindestens eine Nacht ruhig schlafen. Fast nichts in diesem Bereich ist so wichtig, als dass man nicht noch etwas darüber nachdenken könnte. Auch hier gilt: Lieber eine gute Gelegenheit verpasst, als Geld zum Fenster hinausgeworfen zu haben.

NACHWORT

Anselm Grün

Herr Kohrs hat über die ethischen Geldanlagen vor allem als Bankberater geschrieben. Ich möchte noch ein paar Anmerkungen als Anwender beziehungsweise Kunde machen. Zum einen schätze ich Bankberater, die ehrlich sind, die mir nichts vormachen. Es gibt keinen Bankberater, der immer die richtige Lösung bereithält. Daher ist es für mich wichtig, dass er, wenn er sich einmal geirrt hat, auch zu seinem Fehlurteil steht. Jeder von uns schätzt immer wieder mal eine Situation falsch ein. Es zuzugeben, ermöglicht eine gute und ehrliche Beziehung zwischen Berater und Kunden. Aber es verlangt auch, dass ich keine falschen Erwartungen an den Berater der Bank habe. Ich bin dankbar, dass ich mit vielen Bankberatern eine vertrauensvolle Beziehung aufbauen konnte. So kann jeder vom anderen lernen. Jeder weiß um die Stärken und Schwächen des anderen. So macht man sich gegenseitig nichts vor, sondern sucht gemeinsam nach Wegen, die dem Kloster auf Dauer nützen.

Bei der Beratung durch die Bank ist mir immer wichtig, dass der andere mir das rät, wovon er überzeugt ist. Wenn ein Berater zu viele Gründe braucht, um mir seine Produkte anzupreisen, habe ich immer den Verdacht, dass er nur die Produkte seiner Bank vertreiben möchte. Er steht unter Druck, das, was ihm der Vorstand vorgeschrieben hat, auch zu verkaufen. So versucht er, mich mit allen möglichen Argumenten von seinen Produkten zu überzeugen. Doch das erzeugt in mir eher Widerstand. Ich fühle mich unter Druck gesetzt und kaufe dann erst recht nicht das, was mir angepriesen wird. Denn ich lasse mich nicht gern für die Geschäfte der Bank ausnutzen. Jeder soll seinen Gewinn haben, die Bank und der Anleger. Daher muss die Beratung auch fair geschehen und darf nicht nur der Versuch sein, möglichst die Produkte der eigenen Bank zu verkaufen.

Für mich ist die ethische Dimension des Geldanlegens wichtig. Daher kaufe ich Anteile an Nachhaltigkeitsfonds und ethischen Fonds. Und ich vertraue darauf, dass ich durch die ethische Geldanlage Einfluss nehmen kann auf die Haltung der Firmen. Denn wenn viele in diese Nachhaltigkeitsfonds investieren, die durchaus auch eine gute Rendite haben, dann wird dadurch ein Druck auf die Firmen ausgeübt, dass sie sich diesen Kriterien stellen. Doch als Geldanleger kann man nicht puristisch sein. Eine absolute Garantie, dass die Firmen, in die wir investieren, den ethischen Gesichtspunkten gerecht werden, haben wir nicht. Wir können nur darauf vertrauen, dass die Fondsmanager, die ethische Fonds und Nachhaltigkeitsfonds verwalten, auf die von ihnen aufgestellten Kriterien achten und darüber wachen. Aber letztlich können wir nicht mit Sicherheit sagen, was die Banken, Firmen und Länder mit dem Geld machen, das wir in Aktien oder Anleihen investieren. Das gilt aber auch für das so beliebte Sparbuch. Manche Klöster meinen, so würden sie nicht spekulieren. Aber auch mit dem Sparbuch oder dem Festgeld wird die Bank arbeiten. Und was sie mit dem Geld tut, das entzieht sich unserem Einfluss.

Wenn ich Derivate kaufe, wie Bonus-Zertifikate auf Aktien oder Aktien-Indices, dann kaufe ich nicht die Firma, sondern ich gehe letztlich mit der Bank eine »Wette« ein. Ich vertraue darauf, dass die Bedingungen, unter denen die Bank dieses Zertifikat auslegt, zu meinen Gunsten ausgehen. Natürlich habe ich in den letzten Jahren auch hier schon Lehrgeld gezahlt. Kritisch bin ich immer, wenn ich die Struktur eines Zertifikates nicht verstehe, wenn die Bedingungen, unter denen so ein Wertpapier aufgelegt wird, zu kompliziert sind. Dann wittere ich immer, dass die Bank ein Geschäft machen will, zu meinem Nachteil. Ich muss immer verstehen, was ich kaufe. Und das Geschäft muss mit meiner persönlichen Risikobereitschaft übereinstimmen. Aber mir ist auch wichtig, dass ich die Instrumente der Geldwirtschaft, die heute üblich sind und die mit meinen ethischen Kriterien übereinstimmen, auch nutze. Das gilt für Zinsdifferenzgeschäfte, Bonus-Zertifikate und Optionsscheine.

Oft wird mir vorgeworfen, dass ich an der Börse nur Geld verdiene, wenn andere damit etwas verlieren. Doch dieses Argument stimmt nicht. Als in den neunziger Jahren Ungarn für seine Anleihen 10 Prozent zahlen musste, brauchte das Land viel Geld zum Aufbau seiner Wirtschaft. Und für den Anle-

ger war es nicht sicher genug, Ungarnanleihen zu kaufen. Ungarn musste gleichsam eine Risikoprämie zahlen. Doch das Land ist mit dem Geld gut umgegangen. Jetzt braucht Ungarn auch nur noch 4 Prozent zu zahlen. Das Land hat das Geld dazu genutzt, seine Infrastruktur und seine Industrie auszubauen. So hat jeder einen Vorteil gehabt: Das Land Ungarn, die Bank, die ihre Gebühren kassiert, und der Anleger, der einen hohen Zins erhielt. Da kann man nicht sagen, das wäre nicht ethisch. Im Gegenteil, weil ich dem Land vertraue, leihe ich ihm Geld. Ein gutes Geschäft ist immer, wenn alle daran verdienen: das Land oder die Firma, die eine Anleihe auflegt, die Bank, die sie vertreibt, und der Anleger, der die Anleihe kauft.

Ich will niemandem meine Strategie des Geldanlegens aufdrängen. Denn jeder muss selbst wissen, was er psychisch und spirituell verkraften kann. Jeder muss da seine eigenen Entscheidungen treffen. Aber wichtig ist mir, dass wir nicht über andere urteilen, weder über die, die eher ängstlich mit Geld umgehen, noch über die, die mehr Risiko eingehen. Was besser oder schlechter ist, können wir nicht sagen. Jeder muss sich vor Gott prüfen, was er sich zutraut. Aber wenn er lieber auf andere schimpft, als die eigene Seele anzuschauen, dann kann man nicht sachlich über den Umgang mit Geld sprechen.

Eigentlich hatte ich mir geschworen, nie mehr etwas über Geld und Geldanlegen zu schreiben. Doch der Verlag hat mich darum gebeten. Ich bin Herrn Kohrs für die fachlichen Informationen dankbar, denn sie bieten dem Leser die Möglichkeit, sich selbst ein Urteil darüber zu erlauben, wie er sein Geld anlegen kann. Mir ist es ein Anliegen, dass wir »ideologische Kämpfe« lassen, sondern nüchtern hinschauen, was wir als Christen mit unserem Geld anfangen können, damit es den Menschen dient, damit es Segen bringt und nicht Fluch, und damit wir selbst unsere Seele nicht an das Geld verkaufen, sondern die innere Freiheit wahren. Für mich ist es eine spirituelle Herausforderung, mit dem Geld umzugehen. Ich habe viel für meine Seele gelernt. Ich habe mich als Cellerar sehr genau kennengelernt. Und ich wünsche jedem, der mit Geld umgeht, dass er immer auch genügend reflektiert, was das mit seiner Seele macht, und dass er Gott als das eigentliche Ziel nicht aus den Augen verliert. Denn nur wenn Gott in uns herrscht, wird das Geld uns nicht beherrschen, sondern uns und den Menschen dienen.

So wünsche ich dem Leser, dass er sich auf seine persönliche Weise damit beschäftigt, wie er das Geld, das er für das Alter oder für seine Kinder zurücklegen möchte, gut anlegen kann. Es geht nicht darum, jetzt auf einmal zu den »Spekulanten« zu gehen und unverantwortlich mit seinem Geld umzugehen. Vielmehr soll die richtige Weise, Geld anzulegen, den Einzelnen entlasten und ihm die Angst nehmen, dass er und seine Familie in Armut geraten. Die gute Vorsorge ist Zeichen der Verantwortung füreinander. Daher wünsche ich jedem, dass er ohne Angst, aber zugleich mit Maß und innerer Freiheit und mit gutem Gewissen vor Gott das Geld so anlegt, dass es für ihn und für die Menschen, für die er Sorge trägt, zum Segen wird.

KLEINES BÖRSEN-ABC

Agio Aufgeld, Preisaufschlag auf den Nennwert eines Papiers, das Gegenteil ist Disagio, also Abschlag.

Aktie Jede Aktie ist ein kleiner Anteil am Grundkapital einer Aktiengesellschaft und verbrieft das sogenannte Teilhaberecht an der AG. Es gibt Namens- und Inhaberaktien.

Aktienanleihe Es ist vom Grundsatz her eine Anleihe, die eine zum Teil hohe Verzinsung garantiert. Die Rückzahlung der Anleihe hängt davon ab, wie der Schlusskurs der zugrunde liegenden Aktie ist. Unterschreitet diese Aktie an einem festgelegten Tag vor der Rückzahlung einen bestimmten Wert, den sogenannten Basispreis, erhält der Anleger nicht den Nennbetrag der Anleihe, sondern eine bestimmte Anzahl der Aktien zurück. In diesem Fall wird er einen geringeren Gegenwert erhalten, als er für die Anleihe bezahlt hat.

Anleihe Der Begriff ist gleichbedeutend mit Bezeichnungen wie Rente oder Rentenwert, Bond, Schuldverschreibung, festverzinsliches Wertpapier, Obligation. Es gibt einen Nennwert für die Anleihe und mit Ausnahme von Bundesschatzbriefen auch einen zumeist täglich festgestellten Börsenkurs.

Baisse Bezeichnung für einen fallenden Markt, die Preise sinken also.

Bärenmarkt Englisch: Bear-Market, steht für fallende Kurse an der Börse; Bären greifen zumeist von oben nach unten an.

Blue Chips Gängige Bezeichnung für Papiere großer Unternehmen. Sie haben allgemein ein gutes Rating und ein gutes Kurs-Gewinn-Verhältnis. In Deutschland wird auch der Begriff Standardpapier verwandt.

Börse Ort, an dem fungible (austauschbare) Güter gehandelt werden, die am Ort des Handelns nicht anwesend sein müssen. Wichtige Börsenplätze weltweit sind Frankfurt, London, New York und Tokio. Dazu kommen regionale Börsen, die sich auf einzelne Segmente im Markt spezialisiert haben, wie beispielsweise Chicago für Warentermingeschäfte oder Stuttgart für Zertifikate.

Bullenmarkt Englisch: Bull-Market, steht für steigende Kurse an der Börse. Bullen greifen zumeist von unten nach oben an.

Bund-Future Der Bund-Future (genauer Euro-Bund-Future) ist ein standardisierter Terminkontrakt auf eine idealtypische Bundesanleihe. Grundlage ist ein fiktives Papier, das auf eine Nominalverzinsung von 6 Prozent und auf eine Laufzeit von zehn Jahren festgelegt ist. Der Bund-Future wird häufig als Indikator bei der Zinsentwicklung genannt.

Corporates Bezeichnung für Anleihen von Unternehmen.

Cost-Average-Effekt Dieser Effekt ist besonders beim Erwerb von Investmentfondsanteilen interessant. Wenn der Anleger über einen längeren Zeitraum für den immer gleich bleibenden Betrag Investmentfondsanteile erwirbt, ergibt sich dieser Durchschnittskosteneffekt. Bei hohen Kursen werden logischerweise für denselben Betrag weniger Anteile und bei niedrigeren Kursen eine größere Anzahl von Anteilen erworben. Das Problem des richtigen Timings für den Einstieg in die Anlage verringert sich durch diese Vorgehensweise, allerdings auch die Chance eines höheren Ertrages.

CRR Abkürzung für Corporate Responsibility Rating; dient der ethischen Bewertung von Unternehmen und bedeutet ins Deutsche übersetzt in etwa: Unternehmensbeurteilung bezüglich des verantwortungsvollen Handelns.

Dachfonds Anlage, bei der verschiedene Investmentfonds zusammengefasst werden, fast ist es also eine doppelte Diversifikation.

DAX Kurzbezeichnung für den Deutschen Aktienindex. Das ist der für den deutschen Markt wichtigste Börsenindex. Festgelegt wird er von der Deutschen Börse. Er beinhaltet die 30 umsatzstärksten deutschen Aktien, deren Anteil unterschiedlich gewichtet ist. Er ist der meist beachtete Indikator für die Entwicklung des Marktes. Er ist als Performanceindex gestaltet.

Derivate Bestimmte Art von Finanzinstrumenten. Der Preis dieser Papiere richtet sich nach den Kursschwankungen oder den Preiserwartungen anderer Investments, auf die sich die Derivate beziehen. Dabei sind die Papiere so gestaltet, dass sie die Schwankungen der Kurse der Basisobjekte verstärkt nachvollziehen. Der Grund für solche Konstruktionen liegt zum einen in der Absicherung gegen Kursverluste, zum anderen aber auch in der reinen Spekulation. Derivate sind zum Beispiel Zertifikate, Optionen, Futures oder Swaps.

Disagio Abgeld, Preisabschlag auf den Nennwert eines Papiers, das Gegenteil ist Agio, also Aufschlag.

Diversifikation Häufig gebrauchter Begriff für Verteilung, zumeist des Risikos. Damit wird das Risiko auf zum Beispiel verschiedene Aktien diversifiziert, also verteilt. Oder aber man investiert in verschiedene Laufzeiten, um nicht von einer Zinsänderung einseitig erwischt zu werden. Auch verschiedene Emittenten, also Herausgeber von Anleihen, sind wichtig für ein gut zusammengestelltes Depot, ebenso wie die grundsätzliche Zusammensetzung der Anlagen. (Einzelaktien und Aktienfonds, Anleihen, eventuell offene oder geschlossene Immobilienfonds, Zertifikate et cetera.)

Dividende Der Gewinnanteil der Aktionäre. Die Dividende wird in der Hauptversammlung festgelegt und ist abhängig von der Ertragskraft und der Dividendenpolitik des Unternehmens. Manche Gesellschaften schütten sehr viel der erwirtschafteten Erträge aus, andere etwas weniger.

Dividendenrendite Diese gibt die Verzinsung des durch die Aktie repräsentierten Kapitals wieder. Entweder zum aktuellen Börsenkurs oder der

Anleger kann seinen eigenen Einsatz in Relation dazu setzen. Die Formel lautet dann entweder

$$\text{Dividendenrendite} = \frac{\text{Dividende}}{\text{Börsenkurs}} \times 100$$

oder

$$\text{Dividendenrendite} = \frac{\text{Dividende}}{\text{einges. Kapital}} \times 100$$

Dow-Jones-Index Bekanntester Aktienindex in den USA. Berechnet für 30 Spitzenwerte der nordamerikanischen Wirtschaft, die subjektiv durch ein Gremium festgelegt werden; dies ist anders als in Deutschland, wo die Marktkapitalisierung oder der Free float maßgeblich ist.

Duration Diese Kennziffer bezeichnet die durchschnittliche Kapitalbindungsdauer eines festverzinslichen Wertpapiers. Der Anleger bekommt zu verschiedenen Terminen die Zinsen und ganz am Ende auch die Gesamtsumme der Anlage wieder zurückgezahlt. Zwischen diesen verschiedenen Terminen wird ein gewichteter Mittelwert errichtet. Mittels der Duration kann man also zunächst die durchschnittliche Dauer der Kapitalbindung und anschließend die sogenannte modifizierte Duration berechnen. Für den Anleger bedeutet das im Ergebnis, dass er mit Hilfe dieser Zahl ermitteln kann, um wie viel Prozent sich der Kurs der jeweiligen Anleihe ändert, wenn sich das Marktzinsniveau um einen Prozentpunkt verändert. Damit kann man ausrechnen, welches Kursrisiko der Anleger bei welcher Zinsentwicklung eingeht.

Effektivzins Damit ist der effektive Jahreszins gemeint und stellt die Gesamtkosten eines Kredits dar. Der Effektivzins beinhaltet alle Kosten eines Kredits, wie zum Beispiel Bearbeitungsgebühren, Kreditvermittlungskosten und auch die Prämien für Restschuldversicherungen.

Emission Erstausgabe von »Wertpapieren«. Ziel einer Emission ist die vollständige, risikofreie und kostengünstige Unterbringung von Wertpapieren zur Kapitalbeschaffung.

Euribor Zinssatz, zu dem sich die europäischen Banken untereinander Geld leihen. Die Abkürzung bedeutet European Interbank Offered Rate. Dabei werden bestimmte Laufzeiten von einer Woche sowie zwischen einem und zwölf Monaten unterschieden.

EZB Kurzbezeichnung für Europäische Zentralbank mit Sitz in Frankfurt am Main.

FED oder FRS Bezeichnet als Abkürzung das amerikanische Notenbanksystem. Es steht für Federal Reserve System oder FED – Federal Reserve Bank.

Free Float Bezeichnung für die frei an einer Börse handelbaren Aktien beziehungsweise für den Anteil an einer Aktiengesellschaft, der nicht in festem Besitz ist. Nach Definition der Deutschen Börse AG gehören Aktienpakete unter 5 Prozent zum Free Float.

Geldmarkt Markt für kurzfristige Kredite, auch die Bezeichnung für Notenbankgeld und Geldmarktpapiere wie Tages- oder Monatsgeld und Diskont- und Devisenmarkt.

Grauer Markt Dieser Markt unterliegt keiner staatlichen Aufsicht. Hier werden auch Beteiligungen an Feriensiedlungen und andere hoch spekulative Geschäfte mit hohen Renditeversprechen gehandelt. Die Werbung wird oft in Kleinanzeigen überregionaler Tageszeitungen oder per Telefon vorgenommen. Hier sind häufig unseriöse Anbieter am Werk. Den zum Teil sehr hohen Renditeversprechen steht auf der anderen Seite auch ein extrem hohes Risiko gegenüber. Das eingesetzte Kapital kann ganz verloren gehen.

Hauptversammlung Versammlung der Aktionäre einer Aktiengesellschaft, die dabei ihre Rechte gemäß Aktiengesetz ausüben. Die Hauptversammlung findet einmal jährlich statt.

Hausse Bezeichnung für einen steigenden oder haussierenden Markt, die Preise gehen also hoch.

Hedging Hier soll ein gegebenes Risiko durch Eingehen eines weiteren entgegengesetzten Risikos teilweise oder vollständig ausgeschaltet werden.

Index Mehrzahl: Indizes. In einem Index werden in unterschiedlicher Art und Weise verschiedene Aktien oder Anleihen zusammengefasst. Man unterscheidet allgemein einen Performanceindex und einen Preisindex. Der wesentliche Unterschied besteht darin, ob die in einem Kalenderjahr ausgeschüttete Dividende mit in die Entwicklung des Index eingerechnet wird wie beispielsweise beim DAX oder nicht, wie zum Beispiel beim Dow Jones 30.

Inhaberaktie Aktie, die auf den jeweiligen Besitzer, also Inhaber, und nicht auf einen bestimmten Namen lautet. Der Name des jeweiligen Aktionärs wird nicht in ein Aktionärsbuch oder eine Liste beim Unternehmen eingetragen. Die jeweiligen Eigentumsverhältnisse am Aktienkapital sind der AG nicht bekannt. Gegenstück zur Namensaktie.

ISV Diese Abkürzung steht für Inhaberschuldverschreibung. Diese festverzinslichen Wertpapiere haben zumeist einen etwas höheren Nominalzins als beispielsweise Pfandbriefe. Der Nachteil für den Anleger besteht darin, dass dieser im Konkursfall des Unternehmens oder der Bank einen geringeren Anteil an der Konkursmasse erhält, die sogenannte Quote.

Inverse Zinsstruktur Liegt dann vor, wenn der Zinssatz für kurzfristige Geldanlagen über dem für langfristige Anlagen liegt.

Investmentfonds Sondervermögen einer Investmentgesellschaft, welche für gemeinschaftliche Rechnung der Einleger das Kapital im eigenen Namen in handelbare und vertretbare Werte anlegt. Investmentfonds sind also einfach ausgedrückt »Körbe«, in denen eine Vielzahl von Aktien, festverzinslichen Wertpapieren, Immobilien etc. zusammengefasst sind und den Anlegern in Anteilsscheinen zum Kauf angeboten werden. Der Vorteil für den Kunden liegt vor allem in der Risikomischung.

Junk-Bonds Mit diesem Begriff werden Anleihen bezeichnet, die so schlecht beurteilt werden, dass eigentlich nicht mit einer Zinszahlung oder einer Rückzahlung des Kapitals zu rechnen ist. Im Deutschen wird häufig auch der Begriff »Schrott-Anleihe« verwendet.

Kapitalmarkt So wird der Markt für mittel- und langfristige Papiere bezeichnet. Darunter fallen die Beteiligungen, Aktien und festverzinsliche Wertpapiere.

Kurs-Gewinn-Verhältnis Kurzbezeichnung: KGV. Diese Kennziffer gibt an, wie oft der Reingewinn eines Unternehmens bezogen auf eine Aktie im Kurs dieser Aktie enthalten ist. Allgemein gilt ein zweistelliges KGV über 20 als hoch, ein einstelliges unter 10 als niedrig. Natürlich müssen noch einige weitere Kennziffern hinzukommen, um die Qualität einer Aktie zu bestimmen.

Kursindex Wird auch als Preisindex bezeichnet. In diesen Börsenindikator werden ausschließlich die Kurse und nicht die Dividenden eingerechnet.

M & A Englische Abkürzung für Mergers & Acquisitions, bedeutet auf Deutsch: Zusammenschlüsse und Aufkäufe. Dies ist auch eine Bezeichnung für Kreditinstitute oder Finanzierungsgesellschaften, die Unternehmen bei Übernahmen oder Fusionen mit anderen Firmen beraten. Leider landläufig auch manchmal mit Heuschrecken bezeichnet. Diese Bezeichnung ist aber so ungenau wie falsch, weil sie die Ambitionen der vielfältig agierenden Unternehmen pauschal verunglimpft.

MIFID Abkürzung für Markets in Financial Instruments Directive oder in der deutschen Kurzform: Finanzmarktrichtlinie. Hier sind seit November 2007 bestimmte Rechte für den Verbraucher festgelegt worden. Dieser hat einen Anspruch auf Mitteilung bestimmter Kosten beim Kauf von Wertpapieren sowie auf bestimmte Arten der Ausführung bei Käufen und Verkäufen. So muss das Kreditinstitut dem Kunden auch mitteilen, welche besonderen finanziellen Vereinbarungen zum Beispiel zwischen der Bank und den Investmentgesellschaften bestehen.

Milchmädchenhausse Das ist eher eine etwas scherzhafte Bezeichnung. Damit wird die letzte Phase einer positiven Börsenentwicklung bezeichnet. Zu diesem Zeitpunkt begeistern sich auch Anleger für Aktien, die ansonsten nicht an der Börse anzutreffen sind. Allein die Hoffnung auf weiter steigende Kurse veranlasst sie zu dieser Handlung. Doch diese Rechnung wird häufig zu früh aufgestellt und die Kurse sinken kurz nach dem Kauf der Papiere. Somit wurde hier eine »Milchmädchenrechnung« aufgemacht mit der Folge, dass es mit den erhofften Gewinnen nichts geworden ist.

Namensaktie Das ist eine Aktie, die auf den Namen des Inhabers lautet. Der Aktionär muss in das Aktienbuch der Gesellschaft eingetragen sein. Gegenstück zur Inhaberaktie.

NASDAQ Das ist die Abkürzung für den computergestützten Freiverkehrshandel in den USA für Wachstumswerte. Ausgeschrieben bedeutet die Abkürzung »National Association of Securities Dealers Automated Quotations«. An dieser Börse werden häufig bestimmte Werte aus dem Technik- oder Computerbereich gehandelt, die als wachstumsträchtig und innovativ gelten. An diesem Markt herrscht eine höhere Volatilität und deshalb gilt ein Engagement hier eher als spekulativ.

Nominalzins Entspricht bei einer Anleihe dem Kupon und gibt die laufende Verzinsung an. Bei einem Kredit ist es der vereinbarte und zu bezahlende Zinssatz. Dieser Zins enthält keine Bearbeitungs- oder Vermittlungsgebühren, dafür wird der Effektivzins angegeben.

NYSE New York Stock Exchange, die bedeutendste amerikanische und auch wahrscheinlich wichtigste weltweite Wertpapierbörse.

OTC-Handel Over the counter Market, in früheren Zeiten die Bezeichnung für nicht zum offiziellen Börsenverkehr zugelassene Wertpapiere in den USA. Seit Inkrafttreten der MIFID-Regeln in Deutschland bezieht sich dies auch auf Investmentfonds, die nicht über die Börse gehandelt werden. Der Kunde muss dieser Art des Handels gesondert zustimmen.

Performance Leider sehr häufig gebrauchter Begriff für einen einfachen Zusammenhang, er bedeutet auf Deutsch einfach Entwicklung.

Performanceindex In diesen Aktienindex gehen auch die Dividendenzahlungen der in ihm enthaltenen Unternehmen ein. Damit gibt dieser Auskunft über die vollständige Wertentwicklung eines Portfolios. Als Beispiel ist der deutsche DAX-30 anzuführen.

Penny Stocks Aktien, die einen Kurs von unter »1« haben. Häufig ist dies die Bezeichnung für sehr billige Aktien, die nicht unbedingt seriös sind und im grauen Markt gehandelt werden.

Pfandbrief Sehr sicheres festverzinsliches Wertpapier. Die Besicherung für den Anleger erfolgt beispielsweise bei Hypotheken-Pfandbriefen aus Darlehensforderungen, die durch Grundpfandrechte auf Grundstücke besichert sind.

Preisindex Synonymer Begriff für Kursindex.

Rating Dieser Begriff bedeutet Bewertung oder Beurteilung. Zumeist werden diese Bewertungen von Rating-Agenturen vorgenommen. Die weltweit bekanntesten Agenturen sind Standard & Poor's und Moody's. Je höher eine Bewertung ausfällt, desto besser: Das Bewertungsschema von Standard & Poor's hat Werte zwischen AAA für zuverlässige und stabile Firmen höchster Qualität bis hin zu D für extrem spekulative Papiere. Bei Moody's sind die Bewertungen zwischen Aaa und C.

Rendite Der jährliche Ertrag eines Wertpapiers aus Dividende und Zins in Prozent des eingesetzten Kapitals. Bei festverzinslichen Wertpapieren mit einem Kaufkurs unter (oder über) hundert ist der Kursgewinn beziehungsweise Verlust mit in die Rendite einzuberechnen.

Split Dies ist eine Kurzbezeichnung für Aktiensplit. Das bedeutet, dass die Aktien in einem bestimmten Verhältnis aufgeteilt werden, der Gesamtwert aller Aktien aber gleich bleibt. Ist das Verhältnis zum Beispiel 1 : 4, bekommt der Aktionär für eine alte Aktie vier neue. Der Grund für solch einen Split liegt häufig darin, die Aktie durch den geringeren Preis handelbarer zu machen und damit ein breiteres Publikum zu finden.

Stammaktie Diese Aktie beinhaltet alle Rechte für den Aktionär gemäß Aktiengesetz. Der Aktionär hat das Recht auf Teilnahme an der Hauptversammlung mit Stimmrecht, ein Recht auf einen Dividendenanteil, ein Bezugsrecht für neue Aktien sowie ein Recht auf einen Anteil am Liquidationserlös.

Thesaurierung Der Begriff kommt aus dem Lateinischen »thesaurus« und bedeutet Schatz (ursprünglich aus dem Griechischen »thesauros«). Heute wird er für den Umstand verwendet, dass die Ausschüttungen eines Investmentfonds nicht an den Anleger überwiesen werden, sondern der Wiederanlage zugeführt (thesauriert) werden. Das passiert bei thesaurierenden Fonds automatisch oder der Anleger kann das in aller Regel bei ausschüttenden Fonds auch mit der Fondsgesellschaft oder seiner Bank vereinbaren.

Total Expense Ratio Die Abkürzung lautet TER. Diese Kennziffer gibt die jährlichen Kosten eines Investmentfonds an. Zusätzlich zum einmaligen Ausgabeaufschlag (den der Anleger direkt zu tragen hat) sind hier die »fondsinternen« Management- und Verwaltungskosten enthalten. Das sind beispielsweise solche für die Wirtschaftsprüfer, Anwälte, Börsengebühren, Handelskosten etc. Mit Hilfe dieser Kennziffer kann der Anleger die einzelnen Fonds bezüglich ihrer Kostenstruktur etwas besser vergleichen.

Umlaufrendite Die Umlaufrendite ist die durchschnittliche Rendite aller im Umlauf befindlichen festverzinslichen Wertpapiere der besten Bonität. Das sind vor allem Staatsanleihen. Sie spiegelt auch das Zinsniveau des Kapitalmarktes wider.

Valuta Wertstellung bei Kauf und Verkauf von Wertpapieren. Je nach Art des Wertpapiers (Aktie oder Fonds, inländisch oder ausländisch) liegen die Valutentage zwischen zwei und vier Werktagen.

Vinkulierte Namensaktie Dies ist eine besondere Art der Namensaktie. Die Übertragung des Eigentums ist bei einem Verkauf von der satzungsgemäßen Zustimmung der jeweiligen Aktiengesellschaft abhängig. Diese Art der Aktien sind notwendig, um die Eigentumsverhältnisse besser kontrollieren zu können. Häufig wird diese Art eingesetzt, um ein Unternehmen vor der Übernahme durch unliebsame Konkurrenten zu schützen.

Volatilität Diese Kennziffer zeigt die Schwankungsintensität des Preises eines Basiswertes innerhalb eines bestimmten Zeitraums an. Dabei ist ein Engagement in dem entsprechenden Basiswert umso riskanter, je höher die Volatilität ist. Auf der anderen Seite steigen natürlich auch die Gewinnchancen. Dieses Risikomaß ist auch mitbestimmend für die Höhe des Preises bei Derivaten. Je größer die Volatilität, desto höher auch der Preis.

Vorschusszins Dies ist ein Entgelt für die Spareinlagen, die vor der eigentlichen Fälligkeit an den Sparer zurückgezahlt werden. Wenn sich Bank und Sparer über die vorzeitige Rückzahlung einig sind, erfolgt die Berechnung in aller Regel in Höhe eines Viertels der vereinbarten Habenzinsen. Bei einem Sparbuch mit dreimonatiger Kündigung wird der Vorschusszins für längstens 90 Tage berechnet und der Verfügungsfreibetrag in Höhe von 2.000,– Euro für den laufenden Monat zunächst abgezogen. Ganz wichtig ist, dass die Vorschusszinsen insgesamt die Höhe der bisher im laufenden Kalenderjahr angefallen Habenzinsen nicht übersteigen dürfen. Der Sparer erhält also auf jeden Fall sein Kapital wieder zurück. Es ist aber auch durchaus üblich, dass die Bank eine Pauschale berechnet oder sogar in Notfällen ganz auf die Berechnung verzichtet.

Vorzugsaktie Die Inhaber dieser Aktie haben gegenüber den Stammaktionären bestimmte Vorzüge. Häufig haben diese Aktionäre ein Vorrecht bei der Dividende und im Zweifel am Liquidationserlös, »bezahlen« diese Rechte aber oft mit einem Verzicht auf ein Stimmrecht bei der Hauptversammlung.

Wertpapier Sammelbegriff für eine Urkunde, die bestimmte Rechte verbrieft, zum Beispiel die Eigentumsposition an einem Unternehmen.

Zertifikat Anlageform, die gerade in Deutschland in den letzten Jahren außerordentlich an Beliebtheit gewonnen hat. Die deutschen Anleger sind absolute Weltmarktführer bei dieser Möglichkeit, ihr Geld anzulegen. In dieser Anlageform wird ein normales Aktiengeschäft, also ein Kauf oder Verkauf, mit einem derivativen Geschäft verbunden. Da der Derivatehandel in Deutschland nie so richtig Fuß fassen konnte, haben die Investmentspezialisten der Banken einfach beide Geschäfte kombiniert. Ob Protect-, Bonus- oder Discountzertifikat, die Problematik liegt darin, dass die Begriffe nicht geschützt sind und jede Bank eigenen Konditionen stellen kann. Auch kommt es sehr auf die Einzelheiten der zugrunde liegenden Vereinbarung an. Der Anleger muss sich genau die Bedingungen des Papiers ansehen, um vor bösen Überraschungen gefeit zu sein.

Literaturempfehlungen

Cole, Benjamin Mark: Die Rattenfänger der Wallstreet, Campus Verlag, Frankfurt 2001.
Nach der Lektüre traut man einem Analysten und seiner Bewertung von Wertpapieren eigentlich nicht mehr über den Weg.

Deml, Max u. a.: Grünes Geld, Jahrbuch für ethisch-ökologische Geldanlagen 2005/2006, Hampp Verlag, Stuttgart 2005.
Grundlegendes Buch für die Auseinandersetzung mit »grünen Investments«. Es beinhaltet vielfältige Informationen über Anbieter, Produkte und alle Organisationen, die sich mit diesem Bereich beschäftigen. An Max Deml kommt man bei diesem Thema nicht vorbei. Eine Neuauflage ist vorgesehen.

Erhard, Ludwig: Wohlstand für alle, Econ Verlag, aktualisierte Auflage, Düsseldorf 1990.
Eine Lektüre, die sich mancher Manager mal wieder zu Gemüte führen sollte. Die Marktwirtschaft von heute ist wirklich nicht das, was Ludwig Erhard wollte.

Gerth, Martin: Die Geldverbesserer, Grüne Investments – Das Prinzip des doppelten Gewinns, Finanzbuch Verlag, München 2008.
Ein wirklich gutes und informatives Buch mit sehr vielen Grafiken und nützlichen Informationen.

Galbraith, John Kenneth: Die Ökonomie des unschuldigen Betrugs. Vom Realitätsverlust der heutigen Wirtschaft, Siedler Verlag, München 2004.
Der Altmeister der Ökonomen rechnet mit der ungezügelten und selbstherrlichen Privatwirtschaft ab.

Gall, Lothar: Der Bankier Herman Josef Abs, Eine Biographie, Verlag C.H. Beck, München 2004.
Ein überaus kurzweiliges Buch mit erstaunlichen Einblicken in die Finanzgeschichte des 20. Jahrhunderts.

Goeudevert, Daniel: Wie ein Vogel im Aquarium. Aus dem Leben eines Managers, Rowohlt Verlag, Berlin 1997.
Einblicke und Erkenntnisse des ehemaligen VW- und Ford-Managers. Ein Querkopf der Automobilindustrie, der mit seinen Appellen für eine ethischere Arbeitswelt eintrat.

Grässlin, Jürgen: Das Daimler Desaster, Droemer-Verlag, München 2005.
Die Aufzeichnung einer gigantischen Kapitalvernichtung beim ehemaligen

Vorzeigekonzern oder wie man Milliarden von DM einfach so aus dem Fenster wirft.

Henkel, Hans-Olaf: Die Ethik des Erfolgs, Spielregeln für eine globalisierte Gesellschaft, Econ Verlag, München 2002.
Man kann über Herrn Henkel und sein Agieren als Manager oder Verbandschef geteilter Meinung sein, aber in diesem Buch gibt es manche Erkenntnisse, die durchaus überlegenswert sind.

Höffe, Otfried: Lesebuch zur Ethik, Beck Verlag, München 2002.
Kurzweilige Auswahl philosophischer Texte.

Kessler, Wolfgang und Schneeweiß, Antje (Hrsg.): Geld und Gewissen: Tue Gutes und verdiene daran, Verlag Publik-Forum, Frankfurt 2004.
In diesem Buch äußern sich namhafte Autoren zu vielen Fragen der ethischen Geldanlage. Der Reiz des Buches liegt darin, dass man viele Meinungen über das Thema aus vielen Blickrichtungen schnell erfassen kann.

Knipp, Thomas: Der Deal. Die Geschichte der größten Übernahme aller Zeiten, Murmann Verlag, Hamburg 2007.
Es ist spannend wie ein Krimi zu lesen, wie Vodafone zu Beginn des Jahres 2000 die traditionsreiche Mannesmann AG übernommen hat. Es macht nachdenklich, wie ein Traditionskonzern im wahrsten Sinne des Wortes zerschlagen wird.

Lay, Rupert: Ethik für Manager, Econ Verlag, München 1991.
Das Thema der ethischen Auseinandersetzung mit dem Wirtschaftsleben ist bei Weitem nicht neu. Schon Anfang der neunziger Jahre erforderte »die Zukunft ein neues Denken«.

Lynch, James J.: Banken und Moral, Die vierte Dimension im Finanzmanagement, Gabler Verlag, Wiesbaden 1996.
Absolutes Standardwerk in der Auseinandersetzung und der Diskussion über Banken und deren Moral.

Marschall, Matt: Die Bank, Die Europäische Zentralbank und der Aufstieg Europas zur führenden Wirtschaftsmacht, Karl Blessing Verlag, München 1999.
In diesem Jahr war eigentlich schon alles in trockenen Tüchern und die Umstellung der Wertpapierkurse hatte schon begonnen. Trotzdem gewährt das Buch spannende Einblicke in die Geschichte des Euro.

Nolmans, Erik: Josef Ackermann und die Deutsche Bank, Anatomie eines Aufstiegs, orell füssli Verlag AG, Zürich 2006.
Es ist interessant zu lesen, was Herrn Ackermann bewegt und welche Vita er

hat. Auch wenn das Buch sicherlich in manchen Punkten tendenziell in die eine oder andere Richtung geht, das Verständnis des Lesers wächst.

Obama, Barack: Hoffnung wagen, Gedanken zur Rückbesinnung auf den American Dream, Verlag Random House GmbH, München 2007.
Überraschende Antworten auf die Fragen einer der größten Wirtschaftsmächte der Welt. Es ist bemerkenswert, wie Obama den eigenen Landsleuten den Spiegel vorhält.

Ogger, Günter: Nieten in Nadelstreifen, Deutschlands Manager im Zwielicht, Droemer Knaur Verlag, München 1992.
Schonungslose Abrechnung mit den Managern und ihren »Fähigkeiten« in Deutschland.

Pinner, Wolfgang: Ethische Investments, Rendite mit »sauberen Fonds«, Gabler Verlag 2003.
Ein Leitfaden und guter Überblick über die Anforderungen und Klippen, die bei einer Investition in ethische Investments zu beachten sind.

Rosen, Rüdiger von (Hrsg.): Ethisch orientierte Aktienanlage – Nische oder Wachstumsmarkt, Deutsches Aktieninstitut, Dokumentation des Seminars vom 14. März 2002, Studien des Deutschen Aktieninstituts, Heft 18, Frankfurt 2002.
Grundlegende Darstellung des Investmentprozesses und Beleg für eine frühzeitige Auseinandersetzung mit dem Thema auf Seiten der institutionellen Aktienanleger.

Sedillot, René: Muscheln, Münzen und Papier, Die Geschichte des Geldes, Campus Verlag, Frankfurt 1992.
Interessante Darstellung der Entwicklung des Geldes von der Frühzeit bis zum Ende des 20. Jahrhunderts.

Seifert, Werner G.: Invasion der Heuschrecken, Econ Verlag, Berlin 2006.
Der ehemalige Chef der Frankfurter Börse schildert den Kampf gegen Hedgefonds und deren Protagonisten Christopher Hohn aus seiner Sicht.

Soros, George: Die Krise des globalen Kapitalismus, Alexander Fest Verlag, 1998.
Einer der größten Spekulanten des 20. Jahrhunderts und sicher ein lupenreiner Kapitalist kritisiert den Kapitalismus, ein erstaunliches Buch.

Stewart, James: Club der Diebe, Ullstein Verlag, Berlin 1991.
Es ist eigentlich nicht überraschend zu lesen, dass es weit vor der Finanzkrise der Jahre 2007 und 2008 schon kräftige Krisen an der Wallstreet gab.

Die Betrüger hat es auch damals schon gegeben. Wenn man dieses Buch gelesen hat, versteht man die Zusammenhänge der Wallstreet besser und ist durch nichts mehr zu überraschen. Liest sich wie ein Krimi und manchmal schüttelt man angesichts der Ereignisse nur den Kopf.

Ulfkotte, Udo: Marktplatz der Diebe, Verlag C. Bertelsmann, München 1999.
Bei der beschriebenen Wirtschaftsspionage darf man sich nicht wundern, wenn andere die Produkte billiger produzieren können. Spannend wie ein Krimi.

Weber, Manfred (Hrsg.): Europa auf dem Weg zur Währungsunion, Wissenschaftliche Buchgesellschaft, Darmstadt 1991.
Auch im Nachhinein ist es bewegend zu lesen, was alles zur Seite geräumt werden musste, bevor wir das gute Ende erleben durften.

Weber, Max: Die protestantische Ethik und der Geist des Kapitalismus, area Verlag, Erftstadt 2005.
Der Beitrag von 1905 ist heute noch wichtig für die Theorie und Entwicklung des modernen Kapitalismus.

Wiedeking, Wendelin: Anders ist besser, Ein Versuch über neue Wege in Wirtschaft und Politik, Piper Verlag, München 2006.
Der Chef des Porsche-Konzerns äußert sich zu den Anforderungen an die Menschen in der heutigen Wirtschaftswelt.

Hilfreiche Adressen für den Aktionär

Comundialis-Stiftung
Luxemburger Str. 124 / 1419
50939 Köln
Fon: +49 – 0221 – 43082467
E-Mail: info@comundialis-stiftung.de
Web: www.comundialis-stiftung.de

Dachverband der kritischen Aktionärinnen und Aktionäre
Postfach 13 03 35
50497 Köln
Ebertplatz 12
50668 Köln
Fon: +49 – 0221 – 5995647
E-Mail: dachverband@kritischeaktionaere.de
Web: www.kritischeaktionaere.de

DSW – Deutsche Schutzvereinigung für Wertpapierbesitz e. V.
Hamborner Str. 53
40472 Düsseldorf
Fon: +49 – 0211 – 669702
E-Mail: dsw@dsw-info.de
Web: www.dsw-info.de

Faire Aktionäre
zu erreichen über die Comundialis-Stiftung, siehe oben
Web: www.faire-aktionaere.de

Adressen von christlichen Banken in Deutschland

Diese Banken beschäftigen sich unter anderem mit dem nachhaltigen Investment. Die Ausrichtung der einzelnen Kreditinstitute ist zum Teil jedoch recht unterschiedlich. Auch wenn die Banken die Beratung im Bereich der nachhaltigen Geldanlagen für den Kunden zur Verfügung stellen, bedeutet das nicht automatisch, dass sich die Banken in der eigenen Geldanlagepolitik immer an diesen Richtlinien orientieren. Die Auswahl und Zusammenstellung dieser Liste erhebt keinen Anspruch auf Vollständigkeit.

Bank für Kirche und Caritas eG
Kamp 17
33098 Paderborn
Fon: +49 – 05251 – 121 – 0
Fax: +49 – 05251 – 121 – 212
E-Mail: info.service@bkc-paderborn.de
Web: www.bkc-paderborn.de

Bank für Kirche und Diakonie
Schwanenwall 27
44135 Dortmund
Fon: +49 – 0231 – 58444 – 0
Fax: +49 – 0231 – 58444 – 161
E-Mail: info@kd-bank.de
Web: www.kd-bank.de

Bank für Orden und Mission
Zweigniederlassung der vr bank Untertaunus eG
Wiesbadener Straße 16
65510 Idstein
Fon: +49 – 01803 – 111155 – 0
Fax: +49 – 01803 – 111155 – 55
E-Mail: info@ordensbank.de
Web: www.ordens-bank.de

Bank im Bistum Essen
Gildehofstraße 3
45127 Essen
Fon: +49 – 0201 – 2209 – 0
Fax: +49 – 0201 – 2209 – 200
E-Mail: bibessen@t-online.de
Web: www.bibessen.de

DKM Darlehnskasse Münster eG
Breul 26
48143 Münster
Fon: +49 – 0251 – 51013 – 200
Fax: +49 – 0251 – 51013 – 115
E-mail: info@dkm.de
Web: www.dkm.de

EthikBank
Zweigniederlassung der Volksbank Eisenberg eG
Martin-Luther-Straße 2
07607 Eisenberg
Fon: +49 – 036691 – 862345
Fax: +49 – 036691 – 862347
E-Mail: hallo@ethikbank.de
Web: www.ethikbank.de

Evangelische Kreditgenossenschaft eG
Seidlerstraße 6
34117 Kassel
Fon: +49 – 0561 – 7887 – 01
Fax: +49 – 0561 – 7887– 260
E-Mail: ekk@ekk.de
Web: www.ekk.de

Evangelische Darlehensgenossenschaft eG Kiel
EDG Kiel Hauptstelle
Herzog-Friedrich-Straße 45
24103 Kiel
Fon: +49 – 0431 – 6632 – 0
Fax: +49 – 0431 – 6632 – 444
E-Mail: kk@edg-kiel.de
Web: www.edg-kiel.de

GLS Bank
Christstraße 9
44789 Bochum
Fon: +49 – 0234 – 5797 – 0
Fax: +49 – 0234 – 5797 – 133
E-Mail: bochum@gls.de
Web: www.gls.de

Liga Bank
Dr.-Theobald-Schrems-Straße 3
93055 Regensburg
Fon: +49 – 0941 – 4095 – 0
Fax: +49 – 0941 – 4095 – 139
E-Mail: info@ligabank.de
Web: www.ligabank.de
in Österreich:
Rudigierstraße 10
4020 Linz
Fon: + 43 – 0732 – 77 13 63
Fax: + 43 – 0732 – 77 13 63 4

Pax-Bank eG
Von-Werth-Straße 25–27
50670 Köln
Fon: +49 – 0221 – 16015 – 0
Fax: +49 – 0221 – 16015 – 95
E-Mail: info@pax-bank.de
Web: www.pax-bank.de

Steyler Bank GmbH
Arnold-Janssen-Straße 22
53757 Sankt Augustin
Fon: +49 – 02241 – 120 50
Fax: +49 – 02241 – 120 51 23
E-Mail: info@steyler-bank.de
Web: www.steyler-bank.de
Niederlassung in Mödling/Österreich
Gabrielerstraße 171
2340 Mödling
Fon: +43 – 02236 – 803134
Fax: +43 – 02236 – 803163
E-Mail: info@steyler-bank.at
Web: www.steyler-bank.at

Weitere nützliche Adressen zum Thema Ethisches Investment

Schweizer Unternehmen werden im Folgenden nicht mit aufgeführt. Selbstverständlich gibt es auch dort Firmen und Institute, die den Bereich des nachhaltigen Investments fördern. Dazu zählen vor allem einige Fondsgesellschaften. Gerade in der Schweiz hat das nachhaltige Investment eine lange Tradition. Eine besondere Hervorhebung dieser Firmen sollte aber an dieser Stelle vermieden werden. Der interessierte Anleger wird bei seiner Recherche sehr schnell selbst auf die unterschiedlichen Anbieter stoßen und sich dann eine eigene Meinung bilden.

BVI Bundesverband Investment und Asset Management e. V.
Eschenheimer Anlage 28
60318 Frankfurt am Main
Fon: +49 – 069 – 154090 – 0
Fax: +49 – 069 – 5971406
E-Mail: info@bvi.de
Web: www.bvi.de

cric Verein ethisch orientierter Investoren
Klaus Gabriel (1. Vorsitzender)
Schottenring 21
1010 Wien
E-Mail: klaus.gabriel@univie.ac.at
Kontakt auch über:
Gundula Herr
Hornauer Straße 49
65779 Kelkheim
Fon: +49 – 06195 – 65666
Fax: +49 – 06195 – 600732
E-Mail: g.h.herr@t-online.de
Web: www.cric-ev.de
Dieser Verein wurde maßgeblich von Professor Hofmann geprägt. Auf der Internetseite gibt es einen Leitfaden für ethisch orientierte Investoren zum kostenlosen Herunterladen.

eurosif
11 avenue de l'Opéra
75001 Paris
Fon: +33 – 0140 – 204338
E-Mail: contact@eurosif.org

Web: www.eurosif.org
In diesem Dachverband auf europäischer Ebene haben sich Unternehmen und Organisationen zusammengeschlossen, die sich mit nachhaltigen Geldanlagen beschäftigen.

Eco-reporter
Web: www.ecoreporter.de
Hier gibt es viele nützliche Informationen rund um nachhaltige Geldanlagen. Einige Informationen sind frei zugänglich, andere im Abonnement erhältlich. Besonders ist die Rubrik »Wachhund« hervorzuheben, die unter anderem vor »schwarzen Schafen« im Geldanlagebereich warnt.

Forum nachhaltige Geldanlagen e.V.
Caspar-Theiß-Straße 14 a
14193 Berlin
Fon: +49 – 030 – 8900068 – 11
Fax: +49 – 030 – 8900068 – 10
E-Mail: office@forum-ng.de
Web: www.forum-ng.de
Hier haben sich Unternehmen und Organisationen aus Deutschland, Österreich und der Schweiz zusammengeschlossen, um die Entwicklung der nachhaltigen Geldanlagen zu fördern.

Geld und Ethik
ksoe (Katholische Sozialakademie Österreichs)
Schottenring 35/DG
1010 Wien
Fon: +43 – 1 – 3105159
Fax: +43 – 1 – 3106828
E-Mail: konstanze.pichler@ksoe.at
Web: www.ksoe.at
oder: www.geldundethik.org
Informationsangebot der Katholischen Sozialakademie Österreichs zum Thema Ethische Geldanlagen. Hier finden sich Hinweise und zahlreiche Erläuterungen sowie Literaturempfehlungen.

Grünes Geld
Web: www.gruenesgeld.at
Diese Internetseite ist eine Plattform für ethisch-ökologische Veranlagungen beziehungsweise Geldanlagen der Österreichischen Gesellschaft für Umwelt und Technik (ÖGUT) und des Ministeriums für Land- und Forstwirtschaft, Umwelt und Naturschutz in Österreich.

Nachhaltiges Investment
Web: www.nachhaltiges-investment.org
Die Plattform nachhaltiges-investment.org dient der öffentlichen Transparenz sowie dem Dialog über nachhaltiges Investment in Publikumsfonds und Aktien. Sie ist ein Ergebnis des Forschungsprojekts »Umwelt- und Nachhaltigkeitstransparenz für Finanzmärkte«, welches das Sustainable Business Institute (SBI) at the EUROPEAN BUSINESS SCHOOL e. V. mit Förderung des Bundesministeriums für Bildung und Forschung (2000–2003) unter der Schirmherrschaft von Professor Dr. Klaus Töpfer, Executive Director des UNEP, durchgeführt hat. Es gibt aber auch einige Banken beziehungsweise Gesellschaften, die diese Internetseite (finanziell) unterstützen. Daher könnte unter Umständen die völlige Unabhängigkeit nicht immer gewährleistet sein.

Stiftung Warentest
Web: www.test.de
Mittlerweile gibt es eine ständige Rubrik »Bauen und Finanzieren« sowie »Geldanlage und Banken« auf der Internetseite. Hier werden auch immer wieder die Produkte im Bereich der nachhaltigen Geldanlagen unter die Lupe genommen.

Südwind Institut
SÜDWIND e. V.
Institut für Ökonomie und Ökumene
Lindenstraße 58–60
53721 Siegburg
Fon: +49 – 02241 – 53617
Fax: +49 – 02241 – 51308
E-Mail: info@suedwind-institut.de
Web: www.suedwind-institut.de
Gemeinnütziger Verein mit sehr interessanten Verbraucherinformationen zu unterschiedlichen Themen.

Umweltjournal
Web: www.umweltjournal.de
Hier gibt es verbraucherorientierte Informationen, die mitunter ganz nützlich sein können. Wer sich über die Hintergründe und aktuellen Probleme im ökologischen Bereich informieren möchte, wird hier manches finden.

Adressen von Researchinstituten

Eiris
80–84 Bondway
London SW8 1 SF
Fon: +44 – 020 – 7840 – 5700
Fax: +44 – 020 – 7735 – 5323
E-Mail: ethics@eiris.org
Web: www.eiris.org

Imug
Brühlstraße 11
30169 Hannover
Fon: +49 – 0511 – 1219619
Fax: +49 – 0511 – 911 – 1595
E-Mail: contact@imug.de
Web: www.imug.de

oekom research
Goethestraße 28
80336 München
Fon: +49 – 089 – 54418490
Fax: +49 – 089 – 54418499
E-Mail: info@oekom-research.de
Web: www.oekom-research.com

scoris GmbH
Kasseler Straße 1 a
60486 Frankfurt am Main
Fon: +49 – 069 – 7191469 – 0
Fax: +49 – 069 – 7191469 – 27
E-Mail: info@scoris.de
Web: www.scoris.de